打破围城困局 回归商业本质

突围

叶荣祖 乔 阳 魏凤荣◎著

BREAK
THROUGH

做新时代的商业领跑者

中华工商联合出版社

图书在版编目（ＣＩＰ）数据

突围：做新时代的商业领跑者 / 叶荣祖，乔阳，魏
凤荣著 . -- 北京：中华工商联合出版社，2019.11
　　ISBN 978-7-5158-2606-6

　　Ⅰ.①突… Ⅱ.①叶… ②乔 ③魏… Ⅲ.①企业管
理 Ⅳ.① F272

中国版本图书馆 CIP 数据核字 (2019) 第 233642 号

突围：做新时代的商业领跑者

作　　者：叶荣祖　乔　阳　魏凤荣
责任编辑：于建廷　臧赞杰
责任审读：傅德华
营销总监：姜　越　闫丽丽
营销企划：阎　晶　徐　涛　司小拽
销售推广：赵玉麟　王　静
版权推广：袁一鸣　吴建新
封面设计：周　源
责任印制：陈德松
出　　版：中华工商联合出版社有限责任公司
发　　行：中华工商联合出版社有限责任公司
印　　刷：盛大（天津）印刷有限公司
版　　次：2020 年 1 月第 1 版
印　　次：2024 年 1 月第 4 次印刷
开　　本：710mm×1000mm　1/16
字　　数：180 千字
印　　张：14.5
书　　号：ISBN 978-7-5158-2606-6
定　　价：58.00 元

服务热线：010 — 58301130
团购热线：010 — 58302813
地址邮编：北京市西城区西环广场 A 座
　　　　　　19—20 层，100044
http://www.chgslcbs.cn
E-mail：cicap1202@sina.com（营销中心）
E-mail：y9001@163.com（第七编辑室）

序
PREFACE

困境，突围，超越

2019 年 1 月，世界经济论坛（达沃斯论坛）年会在瑞士达沃斯举行。约 3000 名来自世界各国政府、商界、媒体等领域的代表汇聚在这个小镇上，问诊把脉世界经济。

论坛讲话中，克里斯蒂娜·拉加德（国际货币基金组织总裁）指出："经过两年的稳健扩张，世界经济增速低于预期，风险正在上升。"瑞士 SRF 电视台则为本次论坛做出了"世界经济的'危机峰会'"的定义。全球经济增速放缓，已经渐渐成为市场共识。企业的发展再次面临着危机和挑战。

历史总是惊人的相似，却绝非简单的重复。

20 世纪 30 年代的经济大萧条，股票价格一落千丈；20 世纪 70 年代的经济滞涨，巨额财富瞬间化为乌有；1997 年的亚洲金融危机，失业的悲伤笼罩着全社会；2008 年的全球金融海啸，大大小小的企业行走在破产的边缘，战战兢兢，如履薄冰……

祸兮福所倚。尽管每一次经济、金融风暴给企业带来了危机，但同时也倒逼企业完成蜕变，并在另一层面助推全球经济向前发展。例如，创立于 1837 年的宝洁公司，不仅没有在 1937 年的经济大萧条中沉没衰落，而且取得了 2.3 亿美元的年销售额；创立于 1938 年的三星集团，通过三项改革措施，顺利度过了 1997 年的亚洲金融危机，成为当时韩国少数几个保持持续增长的企业之一。

时代是伟大的创造者，它为企业的诞生和发展提供了肥沃的土壤，也时常化身危机提点企业的发展，以免企业故步自封、停滞不前，而危机的出现方式就是包围。新的生机将在包围中孕育，在突围中茁壮成长，在反包围中长成参天之木，如此周而复始，循环往复。

一言以蔽之，在时代的包围之下，在不断的被包围、突围与反包围之中，企业实现了自身的进化，进而促进了整个人类文明的发展。相反，如果企业不想方设法从包围之中突围而出，将很快被市场湮没，踪迹全无。

不在突围中重生，就在突围中死亡，企业别无他选。

突围之路知易行难，涉及企业的方方面面；突围之路就在脚下，有法可依，有章可循；突围之路不止不休。在突围的过程中，企业不可避免地会遭遇阵痛，同时也会感受到消除冗余后的清爽。

在突围的路上，企业要找到属于自己的标签。所谓标签，即企业定位。无论何时何地，企业都要清楚地知道"自己是谁"，知道"用户是谁"。通过定位，企业可以使自己与同行区别开来。在让用户认识自己的同时，找到自己的用户和产品，抢占用户心智。

在突围的路上，企业要聚焦市场的"C 位"，即用户。企业的发展依赖用户。失去用户，企业在市场竞争中将无立锥之地。未来，企业与用户将不再是单向关系，企业要实现与用户的共同生存和发展。

在突围的路上，企业要修炼、凝聚突围之力。企业的发展离不开组织，企业要努力打造组织管理新范式，激活并提升组织中每一个作战单元的战斗力。

在突围的路上，企业要不断提升领导者的格局。优秀的企业离不开优秀的企业领导者，企业领导者统率全局，是团队的灵魂。领导者必须不断修炼领导力，保持领导者的最佳状态，提升自己的格局。

在突围的路上，企业要掌握无往而不利的管理法。正所谓："下士下棋为吃子，中士下棋为占地，上士下棋为悟道。"万变不离其宗。洞悉表象背后的本质，掌握变化的法则，企业方能敞开怀抱接纳变化，突围重生。

"行一棋不足以见智，弹一弦不足以见悲。"胜败不在于一时一事。历史还在继续，企业前行的脚步也将永不停止。

突围之路，永远在路上，唯勇者不惧，行者无疆。

目录
CONTENTS

第一章
困局与困境，求生与求存

危机正在逼近各个企业，过剩的产能、萎缩的市场需求、不断压缩的利润空间、融资难融资贵……重重地压在企业的脖子之上，形成一股钳制之力。市场环境瞬息万变，身处困局与困境的企业随时都可能被淘汰出局。

经济有繁荣亦有萧条，市场有一派生机亦有哀鸿遍野，不管是体量庞大的老牌企业，还是冉冉升起的独角兽新星，都要面对经济下行压力的冲击。危机重重，成败瞬息，那么困局与困境之中的企业何以求生、何以求存、何以突围？

围剿、围城、围猎，封锁围困

2018 年，美国执意挑起中美贸易摩擦，众多行业受到波及；2019 年，中美贸易摩擦再度升级，美国政府将华为、大疆创新、海康威视等中国高科技企业纳入"实体名单"。面对科技强国的"围剿"，企业在关键技术上被"卡脖子"，这成为其面临的最大挑战。

国家之间的博弈波及企业的发展，行业间的竞争也影响着企业的成长。强势企业将弱势企业团团包围，而封锁包围犹如将企业关进密闭室，黑暗之下难以看到生存和发展的希望。为此，企业不得不思考：强国"围剿"，何以求生？行业围城，何以求存？资本围猎，何以突围？

✧ 强国"围剿"，来势汹汹

2019 年 5 月 16 日，美国政府正式宣布：禁止美国企业向华为出售一切相关技术和产品，尤其是半导体。一边是世界上唯一的超级大国，一边是成立仅 30 多年的民营企业，这是一场实力悬殊的战斗。面对强国"围剿"，中国企业该如何突围？

美国半导体产业长期领先于半导体产业市场。2018 年，全球半导体销售额高达 4688 亿美元，其中，美国半导体公司的销售额为 2089 亿美元，占据全球半导体市场的半壁江山。

华为是一家通信科技公司，对半导体有着巨大的需求量。英特尔、德州仪器、高通等美国半导体公司一直以来都与华为有着稳定的合作，是华为的核心供应商。2018 年，在华为 700 亿美元的采购中，向高通、英特尔等美国科技公司的采购额高达 110 亿美元。受美国禁令影响，华为与这些供应商的合作受到了巨大的影响，众多美国企业迫于政府的压力，暂停了与华为的业务合作。

美国用半导体封锁华为，而华为则用自主创新打了一场漂亮的反击战。"为了这个以为永远不会发生的假设，数千海思儿女，走上了科技史上最为悲壮的长征，为公司的生存打造'备胎'。……这是历史的选择，所有我们曾经打造的备胎，一夜之间全部'转正'！"海思半导体总裁致员工的一封信犹如金色的阳光驱散了阴霾，让美国的"围剿"落空。

今天是华为，明天又是哪个企业呢？今天，华为给出了完美的反击，下一个企业是否也能承受住强国的压力呢？

美国对华为的"围剿"是中美贸易摩擦下的一个缩影，国与国之间的贸易纷争并非企业所能决定，但是贸易战一旦打响，企业难免会被卷入其中。面对强国"围剿"，中国的企业是否有突围的实力与突围的战术是其能否生存的关键。

✧ 行业围城，四面楚歌

每个行业都有成熟的大企业和大品牌，它们有着雄厚的资金与实力，主导着市场，包围着小企业、小品牌，挤压着它们的生存空间。面对大企业、大品牌的"围城"，小企业、小品牌何以求存？

消费者对品牌有了强烈而专业的认知后，就会对其产品产生良好的认同感和忠诚的信任感，而企业则可以依托消费者对其品牌的认同与信任开拓新的市场。例如，海尔通过冰箱得到了市场认可，在家电领域大放异彩；格力凭借空调得到了消费者的认可，不断拓展生活电器产品线；九阳凭借豆浆机畅销全国，在健康饮食领域不断拓展……

大企业、大品牌得到了消费者的认可与信任，主导着市场。面对行业内一个个规模庞大、资金充足、研发能力突出的大企业，小企业只能是夹缝求生。为了生存，小企业不断创新，但是研发出来的新品一旦受到消费者的认可便会被市场模仿。出于对品牌的认可，面对类似的产品，很多消费者往往宁肯买贵的大品牌，也不会去买便宜的小品牌。一边是不断投入的研发成本，一边是层出不穷的模仿产品，小企业的生存越发艰难。

另外，随着互联网、大数据、AI 的不断发展，各个行业都在不断地转型。然而，转型的基础是雄厚的资金，以及深厚的人才与技术积淀，在这一点上大企业占据着绝对优势。资金与技术门槛是最大的拦路虎，小企业没有实力去做创新试验，故而往往在转型上落后于大企业。

不管是在资金上还是在技术、人才上，行业内的大企业犹如一堵堵高墙将小企业层层包围，小企业四面楚歌，亟须突围。

✧ 资本围猎，何以突围

资本犹如行业发展的催化剂，推动着行业演变的过程，在规模上、格局上让行业用较短的时间实现巨变。一方面，资本的注入给行业增添了活力；另一方面，资本亦在围猎企业，让部分企业的生存变得更加艰难。

资本的强势入局改写了行业格局，这一点在短视频领域表现得尤为突出。这是因为在融资方面，短视频收获了喜人的成绩单，腾讯、百度、阿里巴巴、今日头条等行业大佬拿出上亿元资金强势入局，红杉资本、DCM、真格基金等资本纷纷加入。

短视频成为资本的宠儿，创业大军蜂拥而至，短视频迅速从蓝海沦为红海，竞争极为激烈。资本的入局固然使行业愈发繁荣，但这是一种"催熟"，反而导致了行业的混乱局面。初创企业越来越多，但是能进入融资梯队的企业却少之又少。在这种情况下，只有得到资本青睐的企业才有继续走下去的机会，那些没有获得融资的企业在资本围猎之下，很难生存下去。

强国"围剿"，行业围城，资本围猎，在封锁包围下，企业的生存越来越窘迫。"围剿"、围城、围猎一触即发，来势汹汹，势不可挡，为求生求存，企业唯有突围，奋力一搏。

死局、破局、生局，绝境突围

纵观人类发展的历史，不管是国与国之间，还是企业与企业之间，没有谁能够始终占据上风，逆境总会不期而至。

逆境之下更需要勇气，只有看到生的希望才能在绝境中激发出自身强大的潜能，从而险中求胜。绝境看似无望，但恰恰是这无望能让人迸发出巨大的能量，创造触底反弹的奇迹。商业之中更是如此，看似是死局，但却可能在转瞬之间实现破局，绝境逢生从来都不只是神话。

✧ 围地则谋，死地则战

绝境逢生是一个充满传奇色彩的词，是被狼群围困的羊羔奇迹得生，是处于敌人大规模包围的小部队成功突围，是黑暗中微弱的火种，借着一阵不知从何处刮来的风发展成燎原之势。而在商业中，强国"围剿"、行业围城、资本围猎，封锁围困下的企业陷入困局与困境，绝境逢生成为每个企业最迫切的需要，即突围。

在《中国人民解放军军语》中，突围指突破敌人包围的作战行动。被敌人重重包围的部队如何才能摆脱被歼灭的结果？突围似乎是异想天开，似乎只有天降神力才能扭转局势，因此成功的突围战始终披着一层传奇色彩，为人们所津津乐道。从突围战中理解突围，从战场中理解商业，企业或许可以得到新的启发。

敌军占尽优势，我军处处劣势，如在兵力、武器、天气、地形等作战因素的方方面面我军均处于被动，在这种极端被动的局面下，仅依靠自发的求生本能是不可能取得胜利的，必须要通过某种战术行动变被动为主动从而取得胜利，这便是突围战。《孙子兵法》强调"围地则谋，死地则战"。突围不仅需要"战"的勇气，更需要"谋"的水平，甚至在一定程度上说，"谋"比"战"更为重要。

1930 年，红军在第一次反"围剿"中成熟运用声东击西等战术，突破了国民党军构筑的一条条碉堡封锁线，在保存实力的同时成功突围。今天，企业在商业中的突围亦是在被动的局势下展开的，在规模、资本、品牌等方面都处于劣势的状况下，企业与竞争对手有着巨大的差距，企业横冲直撞地直面对抗，同竞争对手拼价格、比品牌最终必然头破血流，惨淡收场。与军事作战类似，企业也应该注重"谋"的水平，寻求正确有效的突围之法。

◇ 扭转死局，开创生局

围困之下，企业处于被动局面，开始变得迷茫和焦躁不安。在这个优胜劣汰的时代，企业要想扭转死局，就必须突围，开创生局。

加入 WTO 后，中国制造业便如雨后春笋般快速成长，进入了发展的高光时刻。但是，中国制造业的繁荣与辉煌是建立在廉价的劳动力、土地、资源等基础之上的。随着这些优势的逐渐减弱，中国制造业的发展也进入了转型升级高质量发展的整理期。

2018 年，家具行业的数家企业先后进入破产清算程序；2019 年 3 月，曾经的"中国制造业企业 500 强"山东胜通集团宣布公司进入重整程序……

中国制造业长期处于产业链中低端，正如经济学家郎咸平曾有一段著名的秃鹰论："你每穿一双耐克鞋，每逛一次沃尔玛，这两只秃鹰控制的产业链就要向美国输送一次财富。如果把每件商品价值等分成 10 份，它们每次都挑走最肥美的 9 份，只给中国的企业主丢下一份拌着自己骨髓的渣滓。"在规模上，中国制造业很大；在实力上，中国制造业并不强；在利润上，中国制造业则很少。

这是因为，核心技术和大部分利润控制在西方发达国家手中，廉价劳动力、工厂则转移到了东南亚国家，处于劣势的中国制造业似乎已经处于死局之中。为扭转死局，我们必须以突围来破局，从而寻得生局。

对于中国制造业来说，突围是实现从制造大国迈向制造强国、从中国制造向中国智造转变的必由之路，更是实现高质量发展的必然选择。

只有掌握核心科技，才能拥有国际话语权，才能不惧一堵堵封锁的高墙。国家如此，企业亦然。

2018 年 4 月 16 日，美国对中兴实行出口管制措施。面对美国的"封杀"，中兴显得手足无措。虽然中兴已是全球领先的综合通信解决方案提供商，但是在芯片的核心技术上却没有自主权，严重依赖美国企业，因此禁令一出中兴方寸大乱，不得不受制于美国政府，并向其支付 10 亿美元的高额罚款。

仅仅一年的时间，美国将同样的手段用在了华为身上，但是美国的围堵却并没有明显的成效，因为华为掌握着核心技术，一个个技术"备胎"是华为的底气，是华为突围的实力。

类似的局势，不同的结果。没有掌握核心技术的中兴只能被动地支付高额罚款，不惧他国封锁的华为则强势突围。没有核心竞争力的企业毫无对外部风险的抵御能力，一旦危机爆发将瞬间瘫痪；而掌握核心竞争力的企业则能够妥善应对各种封锁与包围，即使局势危急，也能化险为夷，绝境逢生。

无远、无界、无我，思维革新

　　这是一个跨界的时代，新兴企业"打劫"了传统企业，如打车软件蚕食了传统广播的大量市场和时间份额，以盒马鲜生为代表的新零售搅动了传统零售业的格局。这是一个互联网时代，线上包围了线下，如购物网站的兴起分走了线下商场的大量客流。

　　这是一个充满变化的时代，市场的每一次变化都为企业带来了巨大的商机。不管经济局势如何紧张，不管行业格局如何变幻，不管竞争对手如何打击，把握商机是企业突围的关键，商机的把握离不开思维上的全面革新。

◇ 新商业，新思维

　　20多年前，中国与国际互联网实现了对接，迎来了一个崭新的时代。今天，互联网已经完全融入中国，人们在工作方式、消费习惯等方面也发生了巨大的改变，企业更是基于互联网衍生了新的商业逻辑与商业模式。

　　蚂蚁金服、滴滴出行、今日头条……它们是百亿超级独角兽，是把握商机从市场中突围而出的成功代表。它们的诞生不是一次偶然，而是应然。这是因为，它们用属于这个新时代的新思维，创造了商业奇迹。

思维革新之"无远"。

所谓"无远"，是指区域化的经营之变，即从有限的经营区域变成无限的经营区域。在传统的思维模式中，经营区域是有限的，企业接触的用户必然是产品到达的地方，对于那些产品渠道到达不了的地方，企业对那里的用户一无所知。因此，按照过去的思维方式，企业的经营方式是以区域划分的，在经销上要经过层层商业环节。如今，企业应该打破传统的思维方式，揉碎层层复杂的商业环节，以"无远"思维延伸经营区域，提升市场覆盖率。

思维革新之"无界"。

所谓"无界"，是指行业从有界到无界。在过去，企业往往聚焦于既定的业务，业务类型单一，如卖车的只卖车，卖花的也只卖花，它们往往只在有限的范围内做生意。但是，互联网下的行业是没有边界的。例如，阿里巴巴从买卖平台做起，为了方便交易衍生了金融工具支付宝，在金融服务的基础上，支付宝又增设了连接人们生活的各个入口，如出行方面有滴滴出行，美食方面有口碑，旅游住宿方面有飞猪，日常生活方面除了可以缴纳通信费外，还可以缴纳水电燃气费……涉及人们日常生活方方面面的支付宝已经是一个庞大的综合平台。同样，卖车的企业可以做汽车保养和保险服务，卖花的企业可以提供花艺服务等。

思维革新之"无我"。

所谓"无我"，是指从企业到客户。传统企业大多是从"我能提供什么"入手，在技术、方法、工具等方面已经十分成熟，产品或服务无可挑剔，但是却不是客户所需要的，因此不可能得到市场。在买方市场下，客户是中心，企业要从"客户需要什么"着眼，以客户需求去设计核心产品并不断延伸产品。当企业的产品或服务与客户的需求相契合时，取得市场便是自然而然的事情。

思维革新是企业进入新时代必须掌握的技能，每个行业都有每个行业的特点，每个企业都有每个企业的优势，通过思维革新，用更适合企业的平台和方式发展是企业的突围之道。

✧ 新时代，新范式

传统的经营方式已经无法再满足当今的消费者，企业必须重新整合产品或服务，为消费者提供持续而系统的解决方案。而且，在互联网时代下，企业的发展模式绝不是简单地从线下走到线上，而是充分利用线上与线下，将消费者有机地整合起来。

首先，在互联网时代下，商业是没有界限的，通过互联网，企业的渠道可以遍布全球。在"无远"思维下，企业可以通过互联网，让全世界都接触到自己的产品或服务，从而在更大的区域内去寻找客户。例如，过去的裁缝只是服务于某个村庄或者县城，受众小，需求小，利润也小。今天，在互联网的加持下，过去只服务某一片区域的裁缝可以接触到各个地方的客户，客户多，需求量变化大，从而能够从小作坊演化为大工厂，走上量产模式。

其次，在互联网的连接下，各行各业之间的界限变得越来越模糊，只要掌握了客户的需求，对企业来说跨界就变得十分容易。为此，企业在既定的细分领域，一方面要在核心业务上精益求精，成为行业翘楚，另一方面还要结合客户需求，打造一体化的解决方案。例如，卫浴企业一方面要在产品上不断研发，生产出物美价廉的优质产品，另一方面还要深入到商场、酒店、学校等多种客户群众做调查，结合其需求，为他们提供一体化的解决方案，提供深度服务。

最后，面对新的用户，关键是了解用户需求，为其提供系统性的解决方案。通过产品或服务，企业可以接触到目标用户，有了接触之后，要主动去了解用户需要解决的问题，并给出方案。为此，企业要忘记自己，以换位思维从用户的立场去观察与思考，解决真正困扰用户的难题，如此才能让用户对企业信赖忠诚。

归根结底，无远、无界、无我的中心是以用户的需求为核心，真正地为用户解决问题、解决难题。以用户需求为导向，革新思维模式，区域无限，行业无界，企业无我，以此为基础，企业才能更加顺利地从红海竞争中突围，迎接更加广阔的未来。

危机、商机、生机，商业逆袭

企业的发展史，从另一种角度来讲，就是企业打破危机、寻找商机、重获生机的突围史。无论是时代赋予的机遇和挑战，还是变幻莫测的市场带来的变数，抑或是快速迭代的行业和竞争对手带来的生存压力，企业总是处于大大小小、来自四面八方的危机之中。

在这个万物互联的时代，过往的商业定律正在被改写，未来是如此遥不可及，又是如此近在咫尺。面对着商业变革带来的巨大挑战，企业更需要具备突围思维，从危机中寻找商机，从商机中寻找新的生机。

✧ 战危机，必备的生存法则

在中国互联网高速发展的时间里，在这块拥有 11 亿移动互联网用户的广阔疆域里，中国已经经历了几轮由互联网科技发展带来的商业版图更替。

对于传统企业而言，如今转型升级已经不是抢占互联网红利先机的明智之举，而是不被时代抛下的必然之选。即使企业在既往的生产模式、既往的顾客沟通方式、既往的商业模式中依旧占有存活空间，但是面对不断细分的顾客需求，尚未转型升级的企业已经在安于现状中一步步走向由环境和时代构成的商业围城中。

处于围城中的企业，只能眼睁睁地看着互联网新兴企业开疆拓土、攻城略地，利用互联网技术、大数据和人工智能等新型商业模式创造出全新的产品和卓越的用户体验，抢占新的市场。

时代发展的脚步不会停息，传统企业的转型升级阵痛尚未结束，互联网企业的噩梦就已经上演。

曾经尽享流量红利的互联网企业，如今却面临流量成本日益飙高、用户增长大盘停滞的危机。线上流量濒临枯竭、转化率低，再加上国际经济环境日趋紧张和众多外部不确定性因素的叠加，在互联网赛道上快速奔跑的企业纷纷放慢脚步，陷入融资困难、裁员缩招、减免年终奖的泥潭。

无论是何种企业，可以肯定的是，其发展之路都不会是一帆风顺的。传统企业因无法跟上时代步伐而陷入危机，互联网企业一路高歌猛进，面对突如其来的用户增长危机却束手无策，这正是缺乏危机意识的体现。

缺乏危机意识就相当于将主动权交给了对手，面对无法预知的危机，只能被动承受危机，无法主动求新求变，于危机中积极寻找商机。

◇ 抓商机，延长企业寿命

每一次的经济危机、金融危机都是一次商业大洗牌，而那些能够在一次次的洗牌中存活下来的企业，都有一个共同点，那就是它们都具备抵御危机、寻找新商机的能力。

西门子在自 1847 年成立至今的 172 年中，曾多次面临危机，但是其凭借卓越的前瞻性眼光，多次紧跟时代和技术发展方向不断拓展业务。从创业时期的电报业务到如今的物联网和智能制造，尽管业务范围已经有了极大的不同，西门子这种擅长开拓新商机的能力却始终不变。

有的企业在初创期野蛮生长，取得了傲人的成绩，但是在成熟期却面临增长乏力的困境，最终消失在市场中。有的企业却总能够不断自我革新，经历多次转型，紧跟时代发展的步伐，不断攫取新的商机，从而延长企业的寿命。

横跨两个世纪的 IBM 是典型的根据时代发展调整业务从而获取新商机的企业。IBM 从最早的穿孔卡片机起家，后又完成了从硬件业务到软件和服务的重大转型。在人工智能成为第四次工业革命的关键技术之后，IBM 又迈出了向"认知商业"时代转型的新步伐，将自身定位为人工智能解决方案和云计算公司。

西门子和 IBM 寻求自我变革、发现新商机的商业轨迹虽然不尽相同，但其精神内核却是一致的，基业长青的企业不会向时代和市场赋予的危机和困局低头。相反，它们通过持续不断地探索商机，延续了企业的生命力，持续创造出了新的价值。

在不断变化的市场环境面前，如何从危机中寻得商机，是中国企业保持良好竞争态势的关键。纵观中国经济，中国的产业互联网还有很大的发展空间，中国的企业还有许多新的商机尚未发现，时代赋予中国企业的，不仅仅是不确定性，还有隐藏在不确定性之下的无限商机。商业规律可以被总结，但规律之外对商机的不断探索才是企业保持生机的真正力量。站在从信息社会迈入智能社会这个关键节点上，更需要呼唤敢于突出重围，挖掘新商机的企业。

◇ 迎生机，面向未来的能力

在企业的发展过程中，企业的注意力大多放在是否拥有核心技术、是否拥有成功的商业模式、是否构建完备的价值链及企业在行业内的地位和优势上。这些关注点自然是企业立足经营现状的考虑，但是，如何让企业具备面向未来的能力也是经营者不得不思考的重要问题。

企业不仅要立足当下，更要面向未来。让企业具备面向未来的能力，这是企业保持生机与活力的关键。面向未来就是面对无数的未知，所以企业必须要有足够的危机意识和前瞻眼界。

在中美贸易摩擦日益激烈、国际经济环境日趋复杂的今天，人们对华为的赞誉之声比任何时候都要强烈。这不仅是因为华为日益增长的核心业务能力和技术竞争力，还因为华为是一家真正具备未来思维和未来能力的企业，更因为华为的强劲增长正在推动一个行业的进步和发展。

在对未来发展机遇的追求之路上，企业应该永不满足。早在 3G 时代，华为就已经开始布局 5G 技术。通过多年的技术攻坚和庞大的研发投入，华为成为推动全球 5G 技术研发和普及过程中一股无法忽视的重要力量，也成为通信行业无法被取代的强劲存在。也正是因为华为这种永不停止进步、不断向未来探索的能力，人们才对华为加以赞赏。

企业应当以更宽广的商业视野和更广泛的企业价值去推动企业进步，让企业在未来拥有更大的可能性。这就需要企业具备极强的学习能力，还要实现企业的协同发展和价值创造。

以往企业关注发展规模和成本，关注科技和人才，关注顾客需求和行业变革，现在企业要为自身增添未来属性，还需要具备学习能力。企业拥有了学习的能力，就为创新技术、培养人才、挖掘新的顾客需求提供了可能性。

除了学习能力，企业也要实现竞争思维的升级，实现企业间的协同与发展，这是互联网时代的必然趋势。企业间的协同发展，能够让企业处于一个更长远的价值追求、更深远的价值贡献的视角下，从而找到企业发展的新商机，帮助企业破危机、获生机，实现企业的可持续发展。

第二章
突围之战，从边缘走向中心

重重包围来势汹汹，困境已经显露真容。要生存发展，要从市场边缘走向中心，企业势必要认清现实，打好这一场突围之战。

当下，技术的变革日新月异，令企业眼花缭乱的同时倍感兴奋；边界在消失中重塑，表面上看起来毫无关联的企业实际上息息相关，看似唇齿相依、共生共存的企业，明天就可能分道扬镳、各奔东西；新产业生态系统使断裂的价值链得到再整合；下一个十年的商业机会就摆在眼前，必须紧紧抓住。

不可否认的是，机遇与挑战总是会同时出现。企业必须在应对挑战时把握好发展的机遇，打破现实的困局。这一场战役不仅是突围战，更是保卫战。

不可逆转的新技术变革

苟日新，日日新，又日新。技术变革改变世界，技术发展的步伐不可阻挡。对于企业而言，技术的快速更迭带来了新的发展机遇与可能，同时也带来了潜在的风险和危机。稍不留神，企业就可能跌落失败的深渊。

当下，中国的经济开始朝高质量发展，新技术不断涌现，技术变革的速度也越来越快。在不可逆转的新技术变革背景下，固执守旧的企业将被淘汰，拥抱变化的企业将枯木逢春，展露新颜，后起之秀将如雨后春笋般涌现。

◇ AI：前景无限

AI，即人工智能（Artificial Intelligence）。早在 1956 年，美国科学家首次提出了"人工智能"这一概念，标志着人工智能这一学科的正式诞生。在随后的几十年里，人工智能经历了曲折起伏的探索道路。

简而言之，人工智能大致经历了以下六个发展阶段：1956 年到 20 世纪 60 年代初为起步发展期；20 世纪 60 年代到 70 年代初为反思发展期；

20 世纪 70 年代初到 80 年代中期为应用发展期；20 世纪 80 年代中到 90 年代中期为低迷发展期；20 世纪 90 年代中期到 2010 年为稳步发展期；2011年至今为蓬勃发展期。

从目前的发展趋势来看，人工智能、大数据、云计算等技术可能成为推动经济发展的新引擎，尤其是人工智能更是迎来了新一轮的发展高潮，并取得了可喜的发展成果。

在专用人工智能领域和通用人工智能领域，前者已经取得重要突破，后者则仍处于起步阶段。单一的任务、明确的需求、清晰的应用边界等特点，使专用人工智能领域得到了单点突破。例如，在诊断皮肤癌、人脸识别、大规模图像识别上，人工智能系统的水平已经达到甚至超越了人类水平。不过，目前人工智能在"深层智能"方面的能力不强，有待进一步发展。

人工智能技术将会引领下一轮产业变革，这是不容争辩的事实。因此，不少企业纷纷调整发展战略，与人工智能对接。一系列相关领域的创新创业也陆续涌现，如火如荼。此外，人工智能对社会的影响也愈加明显。智能医疗、智能家居等的发展正在对人们的生活产生积极影响。然而，诸如个人信息和隐私保护、无人驾驶系统下交通法规的制定与实施等问题也相继显现出来，亟待解决。

目前的人工智能技术已经突破了"可以用"的瓶颈，但是尚未实现"很好用"。在可预见的未来，人工智能将实现从专用向通用的跨越式发展，将实现向人机混合智能、自主智能系统的发展，将与其他学科交叉渗透、融合发展。与此同时，人工智能领域的国际竞争也将变得更加激烈。

人工智能蕴藏着巨大的商业价值和机遇，将会颠覆现有的行业布局，使行业重新洗牌。在这个过程中，企业要么抓住机会突围，一飞冲天，要么就会身陷困局之中，黯然凋零。总之，不可阻挡，无法逃离，企业必须面对。

✧ 5G：未来可期

2019 年 6 月 6 日，工业和信息化部正式颁发了 5G 商用牌照。中国移动、中国联通、中国电信、中国广电各获得一张。这标志着中国正式进入 5G 时代。

5G，即第五代移动通信技术。前四代网络技术解决了人与人之间的通信需求，5G 的出现则主要解决物与物、人与物之间的关联需求。因此，与前四代网络技术相比，5G 有三项独特的优势：一是增强型移动宽带，二是超可靠低时延，三是海量机器类通信。

在人工智能、大数据、云计算等新技术的加持下，5G 将会催生出多种新产品、新应用，并推动产业升级，使消费领域的需求得到多样化、高层次的满足。那么，具体而言，发展日趋成熟的 5G 将对市场产生哪些影响呢？

与消费者密切相关的手机产业即将迎来下一个春天。2018 年，智能手机市场渐趋饱和，出货量连月下滑，消费者的购机欲望不高。此时，一款 5G 手机无疑是最好的刺激。2019 年，众多手机厂商陆续发布了 5G 测试机。

引爆车联网。5G 所具备的大带宽、低时延、海量连接的特性完美地对接了车联网的要求，使车联网技术成为可能。比亚迪、长安汽车等汽车生产商正在积极布局智能网联汽车的生产。另外，一些大型运营商、设备商也将参与到协同化汽车驾驶生态系统的构建之中。

远程医疗。一方面，5G 与物联网技术的结合将使医护效率得到显著提升；另一方面，通过 5G、云计算等技术，医生不仅可以为身在千里之外的患者提供应急救援指导，而且可以进行远程实时会诊，使患者的疾病得到及时诊断。对于患者而言，随时随地得到医疗服务将成为可能。

5G 对市场的影响远远不止于此，更多的影响还在酝酿之中，等待着破茧成蝶。如今，5G 早已经不再只是简单的基础网络设施，其发展与应用已经上升至国家竞争的维度。谁能率先实现 5G 商用，就意味着谁能在未来新技术竞争中占据有利的地位。相反，如果迟迟无法融入 5G 商用大潮之中，谁就会被淘汰出局。

新的技术革命方兴未艾，正在使社会变得高度数字化、高度互联。新技术的商业化运用将使旧有的商业生态得到极大改变，从而构建出全新的商业模式。新技术的不断迭代、层出不穷，令大大小小的企业眼花缭乱，时刻保持高度的警惕。显然，面对新技术的挑战，旧技术毫无招架之力。

企业必须借助技术实现进化，实现突围，实现颠覆与重生。

重塑边界已成既定事实

瞬息万变的时代里，不可逆转的新技术变革打破了各个企业、行业之间的界限。市场边界愈加模糊，渐渐失效。与此同时，一座畅通于各行业、企业间的隐形桥梁已经悄然搭起，相互融合、相互渗透成为各行业、企业之间的常态。

不断涌现的各种新型组织使昔日的竞争法则被打破，企业的发展亦再也无法遵守旧有的规则。传统的竞争法则已经失灵，不再适用于企业的发展。在这种情形下，企业于重塑边界中寻求市场竞争新打法已成既定事实。

◇ 界限：打破与消失

《纽约客》杂志发表的一篇文章曾提道："在美国，和沃尔玛一样，亚马逊是一家全球超市。不仅如此，它还是一家苹果那样的制造商，爱迪生那样的公共设施提供商，Netflix 那样的在线影片租赁提供商，兰登书屋那样的图书出版商，派拉蒙那样的电影公司，鲜直达那样的网上杂货店……"

透过这篇文章我们可以看到，没有边界的亚马逊商业帝国版图不可不谓之辽阔。聚焦国内，各行业、企业之间曾经那些泾渭分明的界限已经逐渐被打破，变得模糊，甚至是消失不见。我们已经很难对企业，尤其是那些具有互联网背景的新型企业的边界做出判定。

与人们日常生活密切相关的零售行业的界限在消失，线上线下正在融合。促使这一现象出现的原因主要包括两方面，一方面，在消费升级浪潮的洗礼下，服务效率低的传统零售商，以及体验感不足、产品质量难以保证的纯电商，都无法满足消费者的消费诉求；另一方面，"90后""00后"正在成为消费主力军，其消费行为更加多元化，消费习惯也发生了改变。

零售行业之外，壁垒森严的金融行业界限也在消失，一些大型民营企业纷纷涉足货币基金、信用卡等市场，国有银行备感"冲击"；家电行业的界限也在消失，以往家电企业之间的市场份额之争变得没有意义；媒体行业的界限在消失，未来"万物皆媒"；家居行业的界限在消失；汽车行业的界限在消失……

界限在被打破中消失，那些曾经看起来风马牛不相及的企业，现在却息息相关。各行业、各企业不再是分裂的个体，而是"你中有我，我中有你"、不断向同一轨道靠拢。曾经的对手变成了今日的盟友，现在的合作伙伴则很有可能变成明天的对手。

在这场边界竞争突围之战中，以往企业千方百计打造的行业壁垒，或许不过仅仅是一道"马其诺防线"。如果企业继续胶柱鼓瑟，固守边界，那么，在前方不远处等待着的一定是失败。

◇ 边界：重塑与新生

边界不会真正消失，只是换一种形式存在，等待着下一次的打破与重塑。对于企业而言，重塑边界成为其必须认真面对和解决的一个问题。在重塑边界的过程中，企业将会获得新生，如苹果、谷歌。相反，拒绝重塑边界，则会被淘汰出局，如柯达。

早在 2011 年，彼时第一款小米手机发布。之后，雷军与由他创办的北京小米科技有限责任公司（以下简称"小米"）正式进入大众视野，并时不时地处在舆论的风口浪尖之上。即使成功地实现了从 0 到 1 的创造，小米的发展仍旧遇到各种各样的问题。

2015 年，小米经历了最为难过的一年。这一年，小米手机的价格、质量、上市时间等都出现了问题，小米口碑一落千丈。面对此种情况，雷军不再谈"提速"，对小米做了大量调整。回归"正途"的小米如何再创辉煌？

重塑边界，雷军再次找到"风口"。自 2016 年起，通过投资、合作等方式，小米在保持核心业务不变的情况下，涉及了智能家居、路由器、电视等领域。2018 年 11 月 28 日，小米宣布与宜家达成全球战略合作；2019 年 5 月 21 日，小米与长安马自达汽车有限公司签署了战略合作意向书；2019 年 6 月 11 日，小米米家与锋味控股达成合作。在重塑边界中，小米实现了再一次的快速发展，未来可期。

成立于 2010 年 3 月 4 日的美团，在经历了"千团大战"之后，如今已经成为中国最大的生活服务平台之一。回首历史，美团的成长与发展离不开一种强大的生命力——自我裂变与突破、超越与重塑边界。

美团首席执行官王兴曾表示："万物其实是没有简单边界的，所以我不认为要给自己设限。只要核心是清晰的——我们到底服务什么人？给他们提供什么服务？我们就会不断尝试各种业务。"

领导者的思想不受边界束缚，企业的业务和发展自然也不受束缚。从外卖到旅行，从电影到民宿，美团在重塑边界中自我突破、自我发展，一步步将核心品类做大做深做强，一步步发掘更加广阔的发展空间。

重塑边界，知易行难。在重塑边界的过程中，企业需要打破边界的固有思维，否则不仅无法使企业的边界得到重塑，而且会加速企业走上衰亡的道路。

一是重新认知需求边界。当下消费者的需求早已经不再是最基本的产品功能需求，而是不断深层发展，变成了价值实现。二是重新认知客户边界。曾经的非客户现在有必要转化为目标客户。要做到这一点，企业就要重新定义客户，不断发现客户的需求，为客户提供精准有效的解决方案。三是重新认知组织边界，建立网络化的组织结构。四是重新认知行业边界。企业应采取混业、融合等方式积极涉足新的产业、行业。

毋庸置疑，那些难以界定边界的企业给所有的企业都带来了无形的巨大压力。在重塑边界之战中，很多企业已经率先一步走在前面，获得了强有力的增长。后来者必须正视这个现实，并奋起直追。正所谓："船到中流浪更急，人到半山路更陡。"谁胜谁负尚未可知。

价值链的断裂与再整合

随着智能时代的到来，企业的发展面临着一系列前所未有的新问题，经营压力在不断攀升，如融资难、融资贵、产能过剩、各类成本上升等。此种情形下，不确定性因素越来越多，如何使企业摆脱发展困境、实现转型升级？

多数企业都在使用全球价值链理论来指导自身进行转型升级，其路径不外乎两种：快速转型升级与谨慎转型升级。然而，在新时期背景下，大数据的时代思维在不断转换，科技革命在持续演进，消费者的行为与需求在接连变化……原有的全球价值链分析范式在时代巨变之下弊端重重，早已不再适合指导企业的升级与发展。

种种经济与环境变化因素驱动着价值链各个环节的断裂，处于危机四伏中的企业急需一种新的价值链分析范式，将原价值系统内部断裂、分散的经济关系重新聚集起来并进行再整合，以形成适应新时代的、稳定均衡的新价值系统。

✧ 从模块化理论到商业生态系统

理论是从实践中总结而来，并用以指导实践的。一旦实践的环境条件等因素发生了变化，旧的理论势必不能再完全适用。

当前，时代已发生巨变，理论工具的适用性自然也随之发生了变化。在指导企业转型升级实践的过程中，全球价值链理论的弊端日益显著，消费者日益多样化与精细化的需求向全球价值链分析范式提出了挑战。因此，一些研究者尝试从模块化的视角来探索价值链的断裂与再整合。

模块化指的是从上向下逐级把系统划分成若干模块的过程，通常用于解决复杂问题。模块化理论认为，随着价值链的断裂，各个环节各自形成了独立的分系统，然后通过一定的标准相链接并重整为复杂的新系统。

模块化具备柔性特征，可以助力企业克服消费者不同需求和流水线规模生产之间的矛盾，使得大规模定制生产成为可能。然而，模块化理论仍然存在局限性。比如，模块化生产模式具备企业内分工与企业外分工两重属性，会导致系统本身的运作成本有所增加；分系统在演化过程中容易使集成度再次上升，从而导致分系统间互相排斥。这些不可避免的局限使得模块化理论无法适应实践的变化，于是一些研究者引入了生态概念，推出了商业生态系统。

商业生态系统更具组织性、开放性与新陈代谢特征，它更像一种结构性群落组织，可以将散落的资本、人力与客户凝聚在一起，如同生物从水、土地等资源中汲取营养并不断生长壮大一样，其演进会历经诞生、成长、领导与毁灭四个阶段。

在商业生态系统中，部分行业需要进一步开放，为企业提供充分发展的平台，营造更好的竞争格局，从而保持行业的鲜活度。但是，这种系统仍然应用了很大一部分的全球价值链理论，比如主宰型企业会掠夺系统内部其他的参与主体。

而在商业新时期，并不是企业在独立地创造价值，而是企业与企业、企业与消费者在共同创造价值。是以，掠夺式发展显然已不符合大趋势。企业需要从消费者体验出发，将群体的共生共存作为发展目标，通过价值链的断裂与再整合，形成自洽稳定的协同演化过程。

✧ 从产业生态系统到新产业生态系统

有了模块化理论与商业生态系统做铺垫，产业生态系统开始超越全球价值链理论，强化共生共存、协同演化的特征，并增加循环经济内容。

然而，产业生态系统研究多涉及生态保护、城市规划、资源与环境等领域，强调循环经济概念的比重过多，有关经济学的研究多处于产业与区域层面，缺少关于企业层面的探索和对企业实践的指导。

为了弥补前述理论工具的不足之处，经过大量调查、研究，新产业生态系统的概念被提了出来。

与之前的理论相比，新产业生态系统具有五大鲜明的特征。

特征一：新产业生态系统的价值链更长。如今已进入大数据时代，消费者的行为模式已经可以被分析、被预测，这使得精细化的消费者需求可以被重新进行排列组合。同时，科技的持续演进使得分工进一步深化，生产过程更加曲折迂回。这些共同推动了新系统价值链的加长。

特征二：更加重视消费者。全球价值链理论中，消费者的作用是被忽视的，而新产业生态系统将消费者的作用放在了突出位置。新时代商业背景下，消费者变得愈加理性，消费行为也愈加谨慎，企业需要在与企业群体进行充分沟通并对产品实行先期体验后，方能做出有利于企业发展的消费决策。因此，消费者的作用不可忽视。

特征三：进化效率更高。商业生态系统中的掠夺式价值链形态阻碍了进化效率，而在产业生态系统中，企业又由于与消费者缺乏沟通，常常导致企业迷失进化方向。新产业生态系统避免了这些不足，在消费者与消费者、企业与消费者、企业与企业间建立了广泛联系，系统本身就已经是进化的高级形态。同时，新产业生态系统真正将消费者的需求作为出发点，通过企业间的整体协作来提高企业技能，有效地降低了系统风险，增强了进化的效率。

特征四：分工协作的程度更高。商业生态系统强调在全球价值链基础上的垂直分工，并且系统间更加倾向竞争而非合作。新产业生态系统则按照消费者的需求分布，将生产群体和服务群体重新进行排列组合，新的群体中内部水平分工的程度更高。同时，当遇到消费者需求聚集时，如果消费者需要综合的配套解决方案，企业群体间还可以进行合作。

特征五："做大蛋糕"的内生激励更足。新产业生态系统中，消费者的需求被重视，之前产业生态系统中的企业小群体也都被整合，因此，新的企业群体有足够的内生激励来"做大蛋糕"。

由以上特征可以看出，新产业生态系统超越了全球价值链理论，能够自洽稳定地进行协同演化，更能够有效地指导新时代企业的转型升级。企业通过新产业生态系统，将断裂的价值链进行再整合，使之最终达到稳定均衡，必定能够助力企业在新时期的各路强敌环伺中，突破重重围阻，实现高速发展。

迎接下一个未知的十年

十年的时间，或短或长。在人类长达数百万年的历史中，短短十年自然是显得微不足道。但是，对于一家企业而言，十年却是一个至关重要的时刻。存在一年的企业可以单靠运气，存在十年靠的就是经营。

十年是一个节点，企业要反思过往，展望未来；十年是新的开始，企业要告别既往，再战下一个未知的十年。

◇ 预见，把握未来

著名未来学家彼得·伊利亚德曾经说过："今天我们如果不生活在未来，那么未来我们将生活在过去。"个人的发展离不开前瞻性眼光，企业的发展也是如此，特别是在经济全球化深入发展的今天，企业面临的危机和挑战早已不可同日而语。如果企业不具备前瞻性眼光，那么其发展注定是短暂的。

受外部经济环境剧烈变化的影响，企业的未来充满变数，模糊而不可知。但是，企业仍旧要思考未来的发展方向。三五年的时间太短，二十年的时间太长，换言之，企业要认真思考未来十年的发展。企业不仅要坚定"看十年"的决心，而且要努力培养"看十年"的能力。

那么，商业的下一个十年会是什么样子？下一个十年呼之欲出，却又"犹抱琵琶半遮面"，扑朔迷离。毕竟，变化随时会出现，突如其来的变化更会让企业防不胜防。

在下一个十年，人工智能、5G、大数据等技术将逐渐落地，为企业的发展赋能，促进市场经济的繁荣。未来十年，智能商业格局将得到初步确定。

商业的未来十年将离不开三条主线。第一，在线，即物联网。当前信息技术的发展已经经历了 PC 互联网、移动互联网，正在走向物联网，进而实现万物互联。物联网将使智能商业的边界得到极大的扩展。第二，智能。人工智能的发展尚处在起步阶段，未来十年，人工智能将继续深入发展，创造更大的社会价值。第三，网络。伴随着信息网络技术的发展，经济的网络化进程将逐渐加快。

三条主线之外，商业还有两大趋势。一方面，商业新星将不断涌现，现有的商业生态将蓬勃发展，甚至出现大爆炸现象，多元"物种"发展齐头并进。另一方面，区块链、AR/VR 等颠覆性技术的发展将形成新的"黑洞"，从而促进智能商业的向前发展。

传统经济正在渐渐退场，以互联网为载体的新经济正逐渐占据主导地位。大势已来，企业要敢于抓住趋势，乘势而起。观望，则只会原地踏步，甚至将自己置于被困的危险境地。

如今，房地产的黄金十年已经过去了，互联网的黄金十年也已经退出了历史的舞台。历史如江水般滚滚向前涌动。无论过往曾经多么辉煌灿烂、轰轰烈烈，它终究逝去了，也不可能被复制。企业拥有的从来都是现在，企业憧憬和向往的从来都是那不可知的未来。企业虽活在当下，但是要时刻思考未来，才能拥有未来。

✧ 创新，成就现在

仰望星空的同时，要脚踏实地；预见未来至关重要，回归现实，把握好当下更重要。从中美贸易摩擦，到社保新规、环保风暴、严格的市场监管，企业面临的挑战不言而喻，不可避免。商海风云再起，巨浪之下，企业唯有突出重围、存活下来，才能迎接下一个十年。那么，企业该如何突破当下困境，成为被市场和用户眷顾的幸运儿呢？

商业模式的重要性不言自明。在全新的商业环境下，商业模式的好坏、适合与否在很大程度上决定了企业发展的成败。事实已经证明，再好的商业模式也有落伍的一天。市场的浪潮不断改变方向，商业模式也要随之而变。优秀的企业家们都在争相学习和复制先进的模式，这就意味着曾经站在时代前沿的东西，终会沦为寻常之流，进而被更加优秀的模式取而代之。

一言以蔽之，企业必须不断创新和进化自己的商业模式。否则，企业将无法摆脱当下的困境，遑论在下一个十年里有所作为。

简单来说，商业模式创新就是要求企业用更加新颖、更加有效的方式赚钱。在商业模式创新的具体实践中，企业要注意以下三个方面的问题。

第一，商业模式创新应以为客户创造更多价值为出发点。企业应从客户出发，站在客户的角度设计企业行为，以客户利益为逻辑思考的起点，这样的创新，才能满足市场需要，才能使企业从残酷的竞争中脱颖而出。

第二，商业模式创新应是系统化、集成化的创新。商业模式创新需要对企业的战略理念、企业文化、服务内容等多个方面进行协同调整，过程中常常伴随着组织、产品、工艺等多个方面的创新，而不能只进行单一因素的改变。

第三，商业模式创新应具备防复制功能。通过创新，企业可以提升盈利能力，开创新的盈利领域。然而市场竞争激烈，好的创新难免不被竞争对手觊觎。如果企业的模式创新很容易就被对手复制窃取，那么原本的战略性竞争优势也会随之丧失。所以对企业来说，具备模式防复制能力是很重要的。

在残酷又复杂的市场环境下，没有哪家企业可以永远保持竞争力，也没有哪种商业模式可以永远符合市场规则。企业之于市场，正如行舟之于逆水，不进则退。企业必须时时检视自己的商业模式，不断创新商业模式，没有其他路可走。

前景不明，则脚步不稳，企业必须具备前瞻性的眼光。对未来有着清晰而准确的认识，才能使企业顺利绕开暗礁，乘风破浪，以崭新的面貌迎接下一个十年。正如著名作家梭罗在《瓦尔登湖》一书中所写的那样："有些人步伐与众不同，那是因为他们听见了远方的鼓声。"前瞻性眼光可以使企业认清现实，摆脱当下困境，进而走向未来。

未来就在不远处。未来已来，即将流行。

第三章
突围之锚，找到属于自己的标签

　　困境，险象环生，危机四伏。在这困局之中，许多企业不是已经被颠覆，就是正在被颠覆。一个又一个看似牢不可破的企业走向了衰亡，甚至销声匿迹。这一场突围之战，犹如箭在弦上，不得不发。

　　突围，虽然有时会心余力绌，有时会感觉如坠烟雾，但是企业必须要尽快自我调整，适应当下的环境。因为，时代可以轻易地将一个企业远远抛下，甚至碾作尘埃。

　　在这场突围之战中，企业要找到属于自己的标签，以定位为突围之锚。要想实现正确的定位，企业就必须对定位前、定位时、定位后这三个阶段进行全面规划。每一个阶段的定位都不尽相同，每一个阶段的定位都自有其根据。把握好每个阶段的定位，企业才有可能从重重包围之中突围而出。否则，错误的定位会导致企业误入歧途。

定位：企业的商业方向

在危机与生机并存、围猎与突围共生的时代，掌握现有的优势，不代表就可以保证未来的成功。在这种情况下，如果企业想以闭门造车的方式在市场中生存下来，只会加速失败的到来。企业要想在市场中生存，不仅要学会自保，而且要学会突围。只有从困局中突围，企业才能获得新的发展可能；只有逃出危机重重的围城，企业才能抓住新的商机。

从困局中突围，离不开全新的商业模式；搭建全新的商业模式，则离不开正确且精准的企业定位。毋庸置疑，定位可以为企业的发展指明商业方向，从而让企业在广袤的商海中找准发展的着力点和突破口，寻找到自己独有的价值与归宿。

✧ 明商业方向，定核心价值

近年来，随着中国经济步入发展的快车道，人们消费需求的个性化、多样化趋势不断增强，细分市场的垂直深入让不少人看到了市场商机，越来越多的人选择踏上创业的道路。然而，层出不穷的初创企业却常常是昙花一现，尚未迎来新生，便已走向落寞。初创企业如何生存下去成为一大难题。

其实，导致众多初创企业失败的一个重要原因就是，它们在开始运作之前没有明确企业的定位，定位之于企业而言是其商业发展方向的指向灯。不仅仅是初创企业，其他企业也是如此。茫茫商海，没有精准商业发展方向的企业，盲目投身其中必然会迷失自己，即使在市场中奋力挣扎，结果也难免渐渐乏力而被不断掀起的巨浪淹没。

因此，对于奋战在市场中的诸多企业来说，要想生存下来，一定要做好定位，并不断调整企业的发展方向。只有方向明确，企业才能凝心聚力，专心致志，在正确的市场轨道上向着既定的方向破浪前行。

定位是企业立身市场的着力点，不同行业的企业需要寻找自身的定位，以准确的定位构建自身的核心价值，进而在激烈的市场竞争中实现鲲鹏展翅，扶摇直上。

互联网快速发展，各行业积极拥抱互联网，为人们生活带来翻天覆地的变化。当物流行业搭上互联网的列车后，"互联网＋物流"的模式使得一大批专注于同城货运的O2O企业快速崛起，它们为小批量、多批次、多样化的配送需求输送运力。

然而，经历了烧钱、圈地后，大部分同城货运企业没能熬过资本的寒冬，悄然没落。但一家名为58到家的企业，却躲过了危机，在几十家企业的包围竞争中存活下来，并迅速成长。

随着城市化进程的加快，同城货运市场的需求以15%的增速发展，同城货运市场规模不断扩大。可是，如此一个具有广阔发展空间的市场，却始终没有孕育出一个巨头，这让在58同城工作多年的陈小华看到了不一样的未来。

2014年，陈小华创建了58到家，并为企业精准定位，明晰企业发展方向，即成为全球最大的短途运货平台。同时，其推出同城货运品牌——58速运APP。58速运以搬家、货运为切入点，实现基于用户位置下单、服务者上门、在线支付及点评的O2O领域全闭环短途货运服务流程。58到家通过精准定位，明确未来市场发展方向后，便聚力前行，其服务覆盖范围达到100多个城市，单日订单峰值突破40万单。

2018年8月，58速运更名为快狗打车，58到家进行重新定位，打造了货运打车的概念，企业由短途货运发展方向转向大众市场的货运打车服务，致力于全方位满足用户货物出行的一切需求。重新定位，进行市场方向转化后的58到家，日订单量增长两倍，注册用户达800万人，58到家逐渐成为货物出行领域的领跑者。

58到家的成功离不开精准定位，是陈小华以同城货运为依托，以短途运货为定位，明确了企业的发展方向。方向的明确为58到家的发展增添了助力，使其能够向着明确的方向前进，顺利突围。由此可见，任何企业都需要辩证分析市场发展新亮点，根据自身优势明确市场定位，顺应商业发展趋势，从而实现质的飞跃。

✧ 精准定位，掌舵未来

如果将企业比作一艘航船，那么定位就是指引航船前行的罗盘。只有定位足够准确，企业才能向着既定的目标前行，否则，企业不仅会失去方向，而且会偏离正确的航向，甚至误入歧途。那么，企业该如何定位呢？

第一，选择企业的潜在优势。通常，企业的潜在优势不是单一的，而是多方面的。但是，企业必须清楚地认识到，并非所有的潜在优势都有开发价值。定位是企业发展的立足点，必须是切实可行的。因此，企业不要试图将每个潜在优势都作为自身定位，而是要根据企业和市场的现状进行筛选。

在筛选潜在优势的过程中，企业要先舍弃那些高成本、周期过长的潜在优势，或是与企业现阶段的发展不契合的潜在优势。随后，企业需要在筛选后所留下的几个潜在优势中做进一步选择，谨慎地从中选择出最佳潜在优势。

第二，将潜在优势变为显性优势。企业经过层层筛选之后确定下来的潜在优势是不会自发在市场中呈现出来的，这就需要企业通过精心设计的广告宣传等一系列实际行动将之呈现在消费者面前，加深消费者对企业市场定位的了解。

在这一环节中，企业既不可使定位过低，过低的定位会模糊消费者对企业竞争优势的认识，无法将其和其他企业分别开来；又不可定位过高，过高的定位容易使消费者产生错觉，误认为自己并非该企业的目标消费人群。

第三，深入分析政府政策。政府政策是市场大趋势发展的无形操盘手，市场的重大变革往往是以政府政策为根基。例如，"一带一路"倡议为众多陷入发展瓶颈的企业提供了新的发展方向与商机。因此，企业在进行定位时，需要深入分析政府政策，并以政策为基点，明确企业的发展方向，砥砺前行。

第四，明确自身能力。企业尤其是初创企业在进入市场前要明确自身的能力，审时度势，认清自己所擅长的领域，依据自身的能力进行定位，选择适合自身发展的行业范围。企业更需要注意的是，在定位时切忌随波逐流，不要为"风口"利益所驱动，而应理智判断商业方向是否适合自身发展，依据能力而定。如此，企业才能以清晰的定位在市场中搏出自己的光彩。

企业定位是一个动态的过程，而非一蹴而就。它分为定位前、定位时、定位后，每一个过程都有不同的定位依据，需要企业细细揣摩，从而做出正确的定位。正确的定位能让企业在面对危机和挑战时占据一定优势，助力企业从市场困境中突围，进而实现可持续发展。

定位前：可持续的独特价值

正确的定位，固然是企业突围的一把利剑，然而，许多企业在进行定位时，只关注定位之后的盈利，忽略了定位之前的价值和定位的过程，这无疑是一种极其危险的做法。企业定位前的过程，是对企业精准定位的保障，也是企业塑造价值的前提条件。那么，企业在进行定位之前应该做什么？

价值，永远是企业经营发展中最重要的主题之一。因此，对于企业而言，在进行定位之前，企业必须认真思考和确定自己的价值。这一价值不仅要独特，还要是可持续的。否则，企业将很难发挥定位在这场突围之战中应有的作用。

◇ 谋局，深挖企业价值

一家企业为什么可以基业长青？一个品牌为什么可以经久不衰？一项战略为什么可以持续发力？这些问题的答案或许各有不同，但都离不开正确且可持续发展的定位。

但是，定位并非一蹴而就，想要找到可持续发展的定位，企业就需要在定位前找到一个属于自己的独特价值，在此基础上来对自身进行定位。

企业独特价值的直接表现就是提高消费者对企业的认知程度，让自身在消费者心中和其他竞争对手区分开来，让消费者可以在短时间内记住自己、首选自己。这个独特价值必须是可持续发展的，否则企业将很难在市场中占据一席之地，更加无法实现长远的发展。

需要注意的是，企业的独特价值无法仅靠产品传递给消费者。因此，企业要从价格、包装、宣传和质量等多方面严格把控，让消费者从各个方面了解产品特色，认可产品价值，最终将产品作为消费时的首要选择。

在竞争激烈的市场中，企业要学会对内布局，在定位前挖掘适合自身可持续发展的独特价值。可持续发展的独特价值可以为企业的长远发展奠定基础，帮助企业突出重围，成为市场中的赢家。

✦ 入局，突破行业困局

独特的价值是影响消费者购买决策的重要因素之一，它往往体现在产品的各个方面。为此，诸多企业都在产品中体现出自身可持续的独特价值，以此来吸引消费者，获得市场份额，突破行业困局。

饮食是人们日常生活中最重要的一件事。饮食健康，是人们进行任何其他活动的基础。在消费者日益关注健康饮食的趋势下，"喝得健康"也逐渐受到诸多企业的关注，茶饮料乍然兴起。

之后，可口可乐、统一、娃哈哈等企业纷纷入局，加入茶饮料行业的角逐之中。在这些实力雄厚的企业之中，农夫山泉股份有限公司（以下简称"农夫山泉"）却凭借旗下的茶饮料——东方树叶在 2018 年中国顾客推荐度指数榜单，位列无糖茶品类第一。

东方树叶是如何在众多茶饮企业的包围之下突围而出，成功在市场中占据一方天地的呢？

以"健康、不加糖"为出发点，对产品进行研发。

在品牌创立之初，农夫山泉相信"喝统一、康师傅茶饮的青少年和青年会随着收入的增多和年龄的增长，抛弃这种不健康的茶饮，真正的茶叶泡制，不加糖的健康茶饮才是未来趋势"。所以，农夫山泉在对东方树叶进行定位之前，就已经瞄准"健康、不加糖"这一可持续的独特价值。

在研发过程中，东方树叶始终坚持"健康、不加糖"的价值定位。于是，"真正茶叶泡制，不加糖，0卡路里"的东方树叶诞生了，其口感更贴近真实茶叶的口感。因为不含糖，在口感上东方树叶与其他茶饮料相比稍逊一成，但其健康属性却受到众多消费者的青睐。以健康饮品的定位，东方树叶在市场中站稳了脚跟。

以传统文化因素为包装的主基调，体现自身的文化价值。

1610年，东印度公司的商船上承载着中国茶叶回到了欧洲。一时间，茶叶风靡欧洲，被当地人称之为"神奇的东方树叶"。这正是东方树叶名称的由来。而东方树叶这一名称很大程度上抓住了消费者的眼球，也激发了消费者对民族产品的情感。

与其他茶饮料所走的简约质感风不同，东方树叶将中国古典美镶嵌到了产品和品牌中。东方树叶在乌龙茶、茉莉花茶、红茶、绿茶这四种不同口味的外包装上，分别对应着航船、茉莉花和蝴蝶、茶马古道、寺院四种不同的图案。在图形创意方面，东方树叶还将中国民间剪纸、皮影及传统纹样相糅合，这样的效果让看腻了简约时尚包装的消费者眼前一亮。

无论何时，传统文化因素总能更好地激发消费者的情感，从而成为企业突围行业困局的助力。因此，企业在对可持续发展的独特价值进行挖掘时，也可以考虑把传统文化因素融入企业品牌之中，将其转变为自身的独特价值。

从产品到品牌，东方树叶无时无刻不体现出其独特的价值，被无数消费者评价为"很好的包装，很健康的产品"。这种独特价值是可持续的，不管时代如何发展，消费者对健康的追求永远不会停下脚步，所以东方树叶才能在产品迭出不穷的市场中昂扬向上。

◇ 破局，掌控价值规律

不管是对企业的商业模式，还是企业的发展，定位都起着关键作用，是企业打破市场和行业困局的重要助力。企业要想找到一个可以助力自身发展的定位，就势必要在定位前找到一个可持续的独特价值。那么，企业怎样才能找到可持续的独特价值呢？

根据消费者群体找到。对一个企业来说，定位消费者群体是极为重要的环节。确定企业产品或服务所面向的是哪些群体，就可以为企业找到一个准确的切入点。

在定位之前，企业要先明确服务对象。企业只有确定服务对象之后，才能对其进行深度分析和挖掘，据此找到自身所具有的优势和特点。在之后的过程中，将企业自身的优势和特点放大，最终将优势和特点演变为自身的独特价值，吸引更多的消费者。

根据消费者习惯找到。消费者在进行消费时，很多时候都会遵循固有的消费习惯。所以企业在研发新产品时，一方面要考虑到消费者的习惯，另一方面也要进行适当的创新。而企业在定位之前，也需要确定一个吸引消费者的特有价值。像东方树叶的"健康、不加糖"，正是在现有产品的基础上，根据消费者的需求和习惯进行了适当创新。

企业需要注意的是，在产品创新时，还是要聚焦消费者的真实需求，绝不能闭门造车，否则生产出来的产品不易被消费者认可。

　　一个没有明确目标和定位的企业或许可以通过新产品研发和营销技巧来实现短期盈利。但是，如果一个企业想做大做强，那么找准自身可持续的独特价值，进行精准的市场定位是必不可少的步骤之一。在定位前找到属于自身的独特价值，企业才能在危机中得到发展，在困境中突围而出。

定位时：消费者的真实需求

在沉浮不定的商海中，企业想要突破重围，扬帆起航，必须要瞄准痛点，了解消费者的真实需求。否则企业轻则无人问津，重则血本无归，狼狈退场。

消费者的真实需求是企业未来发展的方向，是企业定位时的重要依据。企业在定位之前需要找到属于自己的独特市场价值，在定位之时则要找到消费者的真实需求，否则定位就是错误的，将掣肘企业的发展。

◇ 看透本质，挖掘真实需求

企业有没有遇到过这种情况：对市场和消费者进行调研之后，根据调研数据进行产品设计和生产。生产完成之后，却发现消费者根本不买账。究竟是企业的产品有问题，还是消费者太过善变？

汽车大王亨利·福特给出了答案。

在马车作为主要交通工具的时代，如果你问你的目标人群需要什么，他们会说："需要一辆更快的马车。"那是因为在他们看到汽车之前，没人知道还有比马车更好的交通工具。

消费者有时候也无法精准告诉企业他们的真实需求是什么。表面上看，消费者需要的是马车，但本质上，他们的需求是更快的速度。所以，对消费者来说，最具有吸引力的不是好产品，而是能更好满足他们需求的产品。

需要是需求的外在表现，是浅层次的需求。所以，企业要成为市场中的长久赢家，必须挖掘消费者的真实需求，而非仅是满足其表面需要。消费者的真实需求是企业广泛且深入地了解消费者的深层次需求，并以此为方向做出正确的市场决策，帮助企业更好定位。

当消费者说出一个表面需要的时候，企业应该进行深度挖掘，得知其真实需求，只有如此，才能透过表象看清本质。挖掘消费者真实需求是企业定位时的重要依据，当企业找到其真实需求时，才能打造出真正的"爆品"。

不论市场或行业发生怎样的变化，企业都应始终以满足消费者真实需求为导向，不断完善产品。找到消费者的真实需求是企业做定位时的基础和关键。产品满足了消费者的需求，才能在市场中实现其真正的价值，为企业提供独特的市场竞争力。在此基础上，企业才能赢得更多消费者的青睐，提高消费者的满足度，最终在行业中突围而出。

✧ 掘金市场，定位真实需求

用户需要的永远不是一款看起来很好的产品，而是一款能满足其真实需求的产品。因此，身处困境的企业要想突围而出，掘金市场，就势必要洞悉用户的真实需求，做出正确的定位。

在消费升级的大背景下，人们对健康的关注程度不断提高，口腔健康已经成为消费升级的一个风口，国内口腔大健康市场得到了迅猛发展。大大小小的企业纷纷投身其中，希望可以从中分得一杯羹。

尽管口腔保健市场具有广阔的发展前景，但是竞争对手的数量之多、实力之强不可忽视，不容小觑，行业发展依然充满着诸多变数。例如，手动牙刷的市场虽然已经成熟，但是，由于用户在手动牙刷的选择上普遍存在着选择焦虑症，导致前十大品牌占据的市场份额不足50%。因此，这一市场的现状是相对分散，后来者仍旧有进入的机会。

在这样的环境下，2018年6月，一款电动牙刷在短短五天内卖出了将近6万支，销售额直逼600万元。这款产品的生产者正是成立仅三年的北京青禾小贝科技有限公司（以下简称"小贝科技"）。

小贝科技是一家新兴的小米生态链企业，致力于为用户提供高品质的口腔护理类产品和服务，主要产品包括牙刷、牙膏、漱口水、牙线等。其中，小贝科技首创品牌贝医生的第一款手动式牙刷——贝医生巴氏牙刷不仅获得了三项国际设计大奖，而且是2018年博鳌亚洲论坛唯一指定的牙刷品牌。

那么，作为后起之秀，小贝科技是如何在行业走势不明确的大背景下突围而出，掘金千亿口腔护理市场的呢？

对此，小贝科技创始人兼CEO章骏曾表示："聚焦于手动牙刷、电动牙刷和牙膏等核心产品，做减法，将精力投入到真正有效的事情上来，而不是像一棵墙头草，市场风往哪里吹，就往哪边倒，却从不考虑用户真正的需求是什么。"

在章骏的带领下，小贝科技以"价格厚道，感动人心"为产品理念，努力为用户打造价格好、设计好、体验好的极致产品。

在手动牙刷这个蚂蚁市场上，小贝科技推出了一款"聚焦于80%用户的80%需求"的专业牙刷——贝医生巴氏牙刷。它适配了巴氏刷牙法，能够帮助用户更好地清除牙菌斑，尤其是附着在牙龈沟里的牙菌斑。这款牙刷上的三种顶级刷丝——白色的银离子抗菌丝、深灰色的备长炭抗菌丝、彩色的螺旋丝，能够有效深入牙龈沟，进而清除牙菌斑，保持口腔清洁。

在电动牙刷这个增量市场上，不同于同行业的许多企业，小贝科技没有打造所谓的"爆款"，盲目延续欧美品牌的设计思路，比拼震动或旋转频率等产品参数。相反，小贝科技在进行产品研发时，瞄准的是消费者对牙龈和口腔保健的真实需求。

贝医生声波电动牙刷从马达到刷毛都是为国人量身定制。一方面，它有着精心设计的刷头布局，为用户提供了持续不断的"刷牙力"；另一方面，它具有护龈刷丝和顶级的牙刷刷毛材质。它还具有防水及无线充电底座等特色，使用户在清洁牙齿、保护牙龈的同时，更舒适地刷牙。

小贝科技在对贝医生进行定位时，将"让13亿国人在80岁时还能啃骨头"作为目标，瞄准了消费者对口腔护理的真实需求，成功打造出了契合消费者需求的产品，也描绘出了适合企业自身发展的路径。这是小贝科技在诸多企业涌入口腔健康市场时依然保持自身优势，并从众多对手中脱颖而出的重要原因。

✧ 深挖需求，借势突围

定位，定的不单单是产品本身，更是消费者的真实需求。建立在消费者真实需求上的定位，才能更好地帮助企业突围行业困局。那么，企业在做定位时如何找到消费者的真正需求呢？

第一，细分目标群体。表面上看，国内市场中的各行各业已经趋于饱和，但实际上还有诸多尚未挖掘的细分行业。所以，企业想要在消费者心中占得一席之地，成为他们购物的首要选择，就必须要缩小自己的业务范围。

第二，不同的消费者有着不同的需求，企业可以以此为切入点提供不同的产品。比如可以根据产品市场分为高端、中端、低端；根据消费者群体分为儿童群体、青少年群体、中年群体或是老年群体。

针对不同的消费者，提供不同的产品，是企业成功的关键。没有哪款产品可以同时满足市场中所有的消费者，当企业有足够能力的时候，还是应该根据不同的群体推出不同的产品。

第三，激发消费者的潜在需求。企业在定位时要准确找到消费者的潜在需求。乔布斯曾说过："通常情况下，人们并不了解自己需要什么，直到你把产品呈现在他们面前。"潜在需求就是消费者自身未意识到或是没有宣之于口的需求。这种需求往往需要企业进行引导，将消费者的潜在需求变为显性需求。

企业想要挖掘消费者的潜在需求，就需要不断分析和挖掘，站在消费者的角度进行深度思考，最大程度挖掘出潜在需求，最大程度满足消费者需求。对企业来说，挖掘消费者的潜在需求也等同于挖掘自身的发展空间。

定位时找到消费者的真正需求可以帮助企业拥有独特的市场竞争力。当企业满足了消费者的真实需求，才能在重重围困的行业中寻找到新的商机，伺机突围，为企业提高市场份额和开拓新市场指明方向。

定位后：适应下的不断修正

资本市场变化莫测，一家企业最终是走向繁荣还是覆灭，关键在于其能否实现精准的定位。定位精准，企业的各项措施将助力企业发展渐入佳境，有所作为；定位失当，企业的各项措施会成为将企业推入发展深渊的恶魔之手。

然而，定位并非是一成不变的。定位的精髓是企业根据市场竞争格局演变、品类发展时态、用户认知变化和企业资源情况及时进行定位调整。在不同的市场环境下，企业需要通过对定位进行修正来保证定位的准确。正所谓："势者，因利而制权也。"

✧ 修正，定位的必然归宿

变化的时代，技术创新日新月异，用户观念瞬息万变，行业竞争愈演愈烈，企业所处的市场环境发生了天翻地覆的变化。企业最初所依仗的有利条件已经不复存在，企业也面临着来自市场和用户改变的巨大冲击。

为了适应用户需求和市场形势的变化，为了确保自身的发展优势和特征，企业就需要进行定位修正，以保证贴近市场，贴近用户。

很多企业都认为定位是不可轻易更改的。实际上，定位是企业发展的根据，是一定时间内企业战略的最终目标。同时，定位是相对的，是动态的。抱令守律，企业将会逐渐衰落甚至消亡。修正定位的目的是实现企业在行业中的最大边界利润。

那么，当企业处于什么状态时，才需要进行定位修正呢？

企业原定位有误。企业是否曾遇到这样的困境：产品流通到市场之后，并没有得到预期的反响。如果企业遭遇了这种情况，就应该重新思考自身定位，审视企业，进行深度分析，从而进行定位修正，让企业以新定位来适应市场的变化和需求。

目标用户需求改变。社会经济的飞速发展，必然会影响用户，对其消费观念和方式产生多方面影响，同时也令其消费需要的内容和形式发生变化。所以，企业应该及时发现目标用户的需求是否发生了改变，了解用户需求产生改变的原因是什么等问题。根据用户需求适时进行产品创新，对定位进行调整和修正。

竞争对手的出现。在很多时候，企业的定位并没有偏差。若是在发展过程中发现同样定位的竞争对手有着更为明显的优势和竞争力，企业则需要迎合市场趋势，完善企业结构，通过定位修正来提升自己的竞争力，发挥自身优势。

市场格局的变化必然影响企业的发展。而企业要想保持竞争优势，就需要根据市场和行业的变化，不断对企业定位进行修正。

◇ 变势，定位生存的必然

企业的定位都是其在现阶段所制定的发展方向，是基于市场竞争和用户需求所做出的生产选择。市场和用户发生改变，就意味着企业的定位也要随之变化。组织资源、聚焦业务可以帮助企业在市场中获得竞争优势，在一定时间内，这种优势将会持续保持，形成一种动态均衡，让企业在市场中独占一隅。

市场中有无数的企业，最初在定位的助力下成为市场中的赢家，但在后期却与市场渐行渐远。深究之下，便不难发现未能及时进行定位修正是导致其走向没落的重要原因之一。而那些懂得在变势中进行定位修正的企业，大都得到了更好的发展机会。

食品行业的竞争一向激烈，市场品牌林立。在新的消费形势下，竞争日趋白热化，企业一不小心就可能被巨头击垮，或是被后来者碾压。面对重重危机，好想你健康食品股份有限公司（以下简称"好想你"）凭借着对定位的修正，成功在市场中开辟出了一条发展之路。

好想你的渠道定位修正。好想你是中国红枣行业第一家也是目前唯一一家上市公司，其销售情况一直备受关注。在发展初期，好想你精耕细作专卖店渠道，其直营店数量曾高达 2000 家。但门店数量的增多并没有带动销售量的增长，所以好想你决定重新定义销售渠道。痛定思变，好想你决定由单一的专卖店渠道转向专卖店、商超、电商三大渠道并行。

经过渠道再定位之后，好想你随着相应方面的推进实施，企业经营状况和业绩也终于回升。相关销售数据显示，2018 年上半年，好想你的电商销售额在其总营收中占比 80%。

好想你的用户定位修正。好想你在成立之初，其主要服务对象为政府、企事业单位的团购，所以它一直走高端礼品路线。但随着抑制三公消费的"八项规定"的出台，好想你的销售开始进入瓶颈期，销量每况愈下，业绩甚至呈负增长。为了应对这一危机，好想你关闭了 600 家左右门店，并对用户定位进行了修正。

原目标用户购买力大不如前，更换目标用户已刻不容缓。好想你看向了数量惊人并对休闲食品有着极大需求的白领群体。进行深入分析之后，好想你决定将之前团购用户调整为 25 岁至 45 岁的白领女性，将高端礼品改为日常休闲食品。

用户定位的修正让更多的用户开始注意到好想你。在产品优势的助力下，越来越多的用户将目光聚焦到了好想你身上。可以说，用户定位的改变挽救了好想你的市场。

好想你的业务定位修正。将"好想你枣业股份有限公司"变更为"好想你健康食品股份有限公司"，仅仅是几个字的差别，却直观地表达出了好想你在业务领域的全方位转移。

好想你与当下健康领域发展趋势相结合，瞄准用户痛点，将健康作为新的突破口。此外，好想你以 9.6 亿元"联姻"百草味，完成了"国内零食电商并购第一案"，开辟了坚果类业务，拓宽了企业盈利来源。

当市场或行业出现变化时，企业要学会顺势而变，及时调整定位，以变应变。正如好想你，其对定位做出的修正是适时适势的。在对定位的不断修正中，好想你重新获得了发展的生机与活力。总而言之，不管是大型企业，还是中小企业，定位和定位修正都是其可持续发展、保持企业竞争优势的关键所在。

✧ 顺势，定位胜利的战略

当面对市场变化而无法适应的时候，当面对市场被竞争对手攻陷而毫无还手之力的时候，当面对销量下滑而毫无挽救之法的时候，自怨自艾是无用的。此时此刻，企业需要认真思考的一个问题就是定位是否出现了偏差。当定位失当，企业该如何进行定位修正，重整旗鼓？

一方面，分析现定位的不足。企业要对市场、行业、竞争对手进行调查和分析，根据发展变化和趋势确定是否进行定位修正。企业发展落后于时代演变，产品不符合用户的审美和需求，企业与竞争对手相距甚远……这些问题都将成为阻碍企业发展的重要因素。

企业在发展和调查过程中发现以上问题时，就要及时对定位进行修正。深入市场，挖掘并迎合用户的需求和潜在需求，在此基础上对定位进行修正。

另一方面，确定定位修正后的用户群体。企业得以顺利发展的重要助力便是用户，所以在发展过程中，企业既要根据用户的需求进行更改，也要确定自己的用户群体。不同的用户群体有着不同的需求，就像年轻人穿衣注重时尚，而老年人穿衣注重保暖。

所以，企业要先确定自己所服务的群体，随后确定该用户群体的需求，最后对企业进行定位修正，让产品可以根据用户的改变而改变，以此来获得用户源，实现企业盈利。

此外，企业在进行定位修正的时候还需要考虑之后的投入。定位的修正绝不是简单的改变，它关乎企业的发展，可以说是牵一发而动全身。要想定位修正可以达到预想效果，企业必须要在前期做足工作，以确保企业可以承担定位修正之后人力和资金上的投入。否则企业很容易"赔了夫人又折兵"。

瞬息万变的市场环境，日益激烈的行业竞争，让企业一不小心就陷入被围困的境地。企业要想适应市场的变化，要想在市场中赢得一席之地，就需要时刻审视自己的定位，并及时对定位进行修正。定位的修正将有利于增强企业核心竞争力，帮助企业从困局中突围而出，在正确的发展道路上越走越远。

第四章
突围之核，聚焦市场的"C位"

　　一个显而易见的事实是，没有用户的企业是无法在市场中立足的。而这场突围之战的核心，毫无疑问就是市场的"C位"——用户。

　　在这个巨变的时代，企业面临的环境与以往有着天壤之别。一些经典的商业模式失效了，一些固有的游戏规则正在被改写，企业与用户之间的关系则变得比以往任何时候都更加密切。用户期盼着企业能给自己带来更好的产品、更好的体验、更好的服务，企业则把用户放到最重要的位置，绞尽脑汁吸引更多的用户，努力培养用户的忠诚度。

　　因此，在这场来势汹汹的突围之战中，企业必须紧紧抓住用户这一突围的核心，不断加快产品的生产速度，提高服务的精度，提升产品的深度，拓宽资源利用的广度。在此基础之上，企业才能吸引到更多的用户，进而从困境中突围，成为市场中的佼佼者。

速度：渠道上减少中间环节

曾经，在硝烟弥漫的战场上，以少胜多、绝地突围是两军交战赢得胜利的方式之一；如今，在没有硝烟的市场竞争中，企业也需要通过以少胜多、以简胜繁来赢得竞争的胜利。

对于企业而言，所谓以少胜多、以简胜繁主要指通过减少生产环节、物流环节、销售环节、售后环节等中间环节来加快速度，从而使企业以更少的环节、更高的效率、更快的速度来赢得市场份额。

那么，企业如何以速度为助力来突围当下困境，在市场中占得一席之地呢？

◇ 中间环节，提速之源

很多企业被湮没在市场中，而它们失败的重要原因之一就是企业的经营环节过长，经营管理越发复杂，经营成本水涨船高。成本增加也就意味着价格上涨，久而久之会在一定程度上流失消费者，循环往复，高附加值的创收点将不复存在。

中间环节的减少一方面可以让企业双方直接对接，节约了时间、人力、物力等交易成本，交易成本的减少在很大程度上降低了企业的销售成本。让利于消费者，也让企业以价格优势赢得了更多的消费者，最终实现双方的共同受益。

另一方面，中间环节的减少缩短了交易链条，打破了之前既定的产业链，将两个或更多的群体更为紧密地连接在一起。这一环节的减少在重新整合各方资源之后，还为市场打造出一个激励多方群体互动、成长潜能强大的"良性生态圈"，即新型盈利模式。总而言之，减少中间环节可以使上下游的连接更为直接，减少渠道竞争，可以达到时间更快速，信息更全面，效益更高，管理更渗透。

而如何降低成本，增加产品的附加值，是所有企业都必须认真且慎重思考的关键问题。对企业发展而言，环节越多成本越高。所以，企业要想快速发展就必须减少产业链环节，以降低发展成本，提升资金和产品代谢效率。

正如 TCL 前 CEO 郝义所说："每个传统企业经过几十年积累背后都有很多利益链条，要想把这些利益链条打消掉，单靠人的力量是很困难的，这就需要构建一个新的结构，通过新的商业模式去掉中间的链条，才能让企业无论在效率还是在成本结构方面有所提升。"从整体来看，最适合中小企业轻装简行的方式便是提高自身组织效能，以少环节谋多利润。

如何做到减少中间环节，减少哪个环节，才能达到既减少经营成本，又不影响生产，这是每个企业都应该根据自身情况选择合适的时机，衡量企业现阶段的发展之后慎重决定的。

◇ 化繁为简，加快速度

从 20 世纪 90 年代起，国民经济的繁荣带动了家具行业的发展。彼时，家具行业是一个典型的卖方市场。如今，人口红利正在渐渐消减，市场竞争加剧，利润不断下降……重重压力之下，家具企业该如何跳出固有模式，打破僵局，完成转型升级？

在家具行业中，产品从工厂到用户，需要经过省级代理、市级代理、区域销售、门店零售等诸多环节。而这诸多环节的存在在一定程度上制约了企业的发展，拉远了企业与消费者的距离。鉴于这一现状，业内企业纷纷表示，谁可以跟上行业变化速度，与消费者产生紧密联系，谁就有可能成为赢家，抢占市场。而企业要想在风起云涌的产业变局中找到突破口，突围而出，就必须舍弃冗长的中间环节。

"我在家"新锐家具平台的出现打破了家具行业固有的销售模式，让企业与用户实现了双赢。"我在家"自成立后在短短两年的时间内，顺利完成了四轮2亿元融资。在家具行业发展越发举步维艰之际，在一家又一家家具企业破产清算之时，为什么"我在家"可以后来居上，得到无数投资者青睐，赢得市场？

"我在家"虽然只是一个家具平台，但它绝不是传统意义上的购物平台，它所起到的作用也绝非之前的渠道对接作用。为了更好打通线上线下，"我在家"砍去中间环节，对品质、客服、退换货、供应链效率都进行了深度参与，对产品品质与服务都有着强有力的监管。

"我在家"减少供应环节，凸显了价格上的巨大优势，加快了发展速度。"我在家"并没有仿照传统行业，选择与经销商合作，寻找合作品牌，而是采用中间环节最少的一种商业模式——与一线工厂合作，实现直销。

此外，"我在家"为了提高用户的线下体验，与老客户联手，推行"电商平台＋生活家"的商业模式，让已购买过产品的用户根据个人意愿选择成为"生活家"，利用碎片化时间让新用户可以上门实地体验家具的真实使用情况。用户先在手机APP上选中商品放入购物车，之后去"生活家"

确认产品，最后下单购买，转化率高达 70%。

这样的商业模式不仅减少了平台店员和店铺的重成本，还让消费者在享受同质量产品与服务的前提下，以过往家具的一半价格买下产品。

"我在家"减少服务环节，体现了服务上的有力监管，提高了服务速度。"我在家"不仅对品质、客服、供应链等环节层层把关，而且对销售、售后环节都进行了强有力的监管。

大件家具因为体积大、零件多，对于运输条件和售后环节有着极高的要求和复杂的流程，诸多家具企业也具有拒绝退货的权利。而"我在家"除了大件家具"7 天无理由免费退货"服务外，还推出了"保价 180 天"服务，即在规定时间内，如果消费者所购买产品出现降价等活动，那么"我在家"平台将会对消费者进行差价返还。

"我在家"中间环节的减少，不仅拉近了企业与消费者的距离，让消费者获得的服务不断攀升，体验逐渐升级，而且加快了企业的发展速度，帮助"我在家"成为行业新锐。

诚然，冗长的中间环节是导致不少企业步履沉重、走向衰落的重要原因之一。然而，无数优秀企业的发展也昭示着：企业要发展，就必须打破陈旧的商业模式；企业要发展，就必须尽可能地减少中间环节，从而实现商业模式的创新和价值的最大化。

减少中间环节不是一蹴而就的事情，也不意味着企业要孤注一掷进行冒险。相反，企业管理者要以一种理性、长远的目光和态度对待中间环节，在减少中间环节的问题上反复进行系统化的论证，制订可行性高的方案。否则，盲目减少中间环节，不仅容易造成企业陷入运营瘫痪，而且会导致企业与合作方及用户的链接断裂，从而使企业深陷泥淖，无法从困境中突围。

精度：服务上打造精品战略

在面对市场的挑战和突如其来的困境时，企业需要通过减少中间环节来提高自己的速度。但是仅有速度，极易导致粗制滥造现象的出现。因此，企业在中间环节上抓速度的同时，还要在服务上抓精度，打造精品战略。

对于企业来说，服务是一个非常重要的环节。消费者在进行消费的时候，购买的不仅仅是商品，还有一系列的相关服务。如今的市场竞争早已从过去的产品竞争转向服务竞争。面对日渐"挑剔"的消费者、越发激烈的市场竞争，企业想要在行业中突围而出，在市场中占得一席之地，还需要抛弃平庸的服务，为消费者提供精品服务。

✧ 聚焦精品服务，打造精品战略

竞争者的不断涌入、大企业的不断扩张、消费者需求的变化、相似产品的出现都成为企业发展的"拦路虎"，众多企业的发展举步维艰。面对这些困局与挑战，企业要想从中突围，就要提高精品服务水平，增强企业竞争实力。

对企业来说，精品服务可以帮助企业吸引消费者，留住消费者，并培养消费者忠诚度。随着精品服务的系统化，精品服务战略应运而生。精品服务战略是企业在发展阶段，以精品服务为中心，以达到消费者满意为目标，使精品服务与环境变化同步发展，最终实现企业长远发展的动态系统。

企业要想实施精品服务战略，就要先了解精品服务战略包含的四项基本内容。

第一，让企业员工树立起精品服务意识。精品服务战略实施的成功与否，很大程度上取决于企业员工是否具有精品服务的意识。这是最为关键的一步，同时也是最容易被管理者忽视的一步。思想是行动的先导，当员工充分了解精品服务战略所产生的巨大价值时，他们才会积极投入到服务中去。

第二，确定消费者的服务需求。古人常说"知己知彼，百战不殆"，企业服务也是如此。企业要准确地知道消费者想要什么样的服务，对现阶段的服务有什么不满，才能对症下药，为消费者提供精品服务。如果不能对症下药，那么企业极易向消费者提供一些无用的服务，既浪费企业资源，又无法得到消费者的认可。

第三，企业员工的相关培训与管理。在与消费者的接触中，企业员工在一定程度上代表着企业。如果员工认真负责，那么消费者便会对该企业产生好感，认为整个企业的员工都具备这种精品服务。反之，如果员工消极懒怠，那么将会拉低消费者的印象分。所以，企业要严格挑选员工，之后不断对其进行培训与激励，并以优渥的条件降低人员流动率。

第四，对服务质量的严格把控。服务质量的高低取决于消费者的评价，只有得到消费者的高度满意才可以称为精品服务。通过对服务质量的严格把控，企业才能知道自己所提供的服务是否是消费者所需要的，以及是否比竞争对手更具优势。企业要想将精品服务落地，就需要设计服务标准，制定服务内容，及时跟进服务反馈等一系列内容。

这四项基本内容是企业打造精品服务战略的基础。胖东来商贸集团有限公司（以下简称"胖东来"）正是在精品服务战略的助力下，将企业做大做强，成为河南省的零售企业巨头。

在零售企业遍地开花的时候，胖东来之所以能成为无数消费者的首要选择，成为"零售界的海底捞"，不仅仅是因为胖东来的优质商品，更是因为它的精品服务。

胖东来将服务细节精品化。在胖东来商场的入口处，有免费的消毒液和急救箱；在楼层电梯口，有专门的服务人员站立搀扶老人儿童；如果有消费者问路，员工会直接将他带到目的地，而不只是单纯地指明方向；消费者如果对产品不满意，可以立即退货……胖东来的细节服务可以说是做到了极致，也正是这种精品的细节服务让无数消费者成为胖东来的忠实消费者。

胖东来将服务专业化。服务的本质是为了满足消费者的真实需求，细节服务固然是服务的一方面，服务专业化则是不可或缺的另一方面。零售业看似门槛低，但由于商品多，对空间布局、商品陈列、物品属性等方面都有着极高的专业化要求。

为了给消费者提供专业化的精品服务，胖东来制定了专业且详细的操作手册和视频，每一种商品都有相应的介绍牌，为消费者提供了专业化的操作服务细节和专业化的流程服务细节。这一系列的专业服务也赢得了无数消费者的心。

✧ 以精品服务战略，赢突围之战

对很多企业来说，服务只是一个虚无的环节，是可有可无的存在。很少有人去计算那些在市场中因服务平庸而失败的企业有多少。市场中，那些将精品服务高高抛起，却最终又将它沉入水底，最终只留下浅浅划痕的企业，都已经成为过去式。

当精品服务出现在消费者身旁，当精品服务战略出现在企业发展过程中时，企业便可以此为利剑，披荆斩棘，从重重包围之中突围而出。那么，在实际的经营发展中，企业该如何打造精品服务战略呢？

首先，精品服务战略与营销战略联手。企业在规划营销战略时，要充分体现出精品服务在价值链上的作用。企业在竞争激烈的行业中，究竟要凭借什么取胜？是产品、技术、价格，还是服务？产品、技术和价格固然是取胜的关键因素，可若是企业在规划营销战略时，忽略了服务，成功之路将会增添诸多困难。这就要求企业在制定和实施精品服务战略时，必须全面考虑与企业营销战略的有机结合。

其次，为不同的消费者群体提供不同的精品服务。不同的消费者群体有着不同的服务需求，所以企业要找准自身定位，分析企业目标用户，因人而异，提供不同的精品服务。企业可以将消费者群体的服务内容进行分析：一是根据消费者服务需求的不同进行分析，二是根据消费者所追求价值的不同进行分析。在此基础上，针对不同的消费群体，提供最适合消费者的精品服务。

再次，将精品服务文化植根于员工内心。没有文化的企业是危险的，企业文化可以传达企业和员工共同的价值观，让两者产生共鸣。而精品服务作为企业文化之一，也应被企业重视起来，被员工重视起来。企业需要持续为员工输入精品服务文化，在细节中体现出企业对员工的关怀，让员工有归属感。久而久之，这一文化理念植根于员工内心，在潜移默化中被员工认同。

最后，制定完善的精品服务体系保障实施。精品服务战略需要打造，更需要落地实施，否则所有的战略都只是空话。所以，当精品服务战略生成，如何保证该战略的落地便成为重中之重。除了建立精品服务文化、倡导全员服务理念，企业还要搭建成体系的服务策略。其中包括精品服务内容、精品服务方式、精品服务的操作规范、检验精品服务的评价体系等。

精品服务战略既是一种服务方式，也是一种企业发展体系。当企业的服务方式获得消费者的喜爱和认可时，企业将获得更高的市场占有率；只有发展体系是正确的，企业才能实现可持续发展。企业要想在这个巨变且竞争激烈的市场中脱颖而出，突围困境，精品服务必不可少，精品服务战略更是重中之重。因此，企业必须重视服务质量的提高，努力打造精品服务，将其铸就为自身的突围利器。

深度：心理上让消费者满足

改革开放以来，中国经济迅猛发展，无数企业如雨后春笋般不断涌现。这种情况的出现，使得消费者与企业的供求关系发生了本质性的变化，即由从前的卖方市场向买方市场过渡。企业开始面临更多挑战：市场需求趋于饱和，竞争对手日益增多，消费者日渐成熟和"挑剔"……

在这样的背景下，企业要想突围困境，实现长足发展，不仅要在速度与精度上脱颖而出，而且要满足消费者的深度需求，即满足消费者的心理。

✧ 洞察消费心理，满足深度需求

法国哲学家让·鲍德里亚曾在《消费社会》中指出，人们购买物品不仅是当作工具来使用，同时也是当作舒适和优越等要素来要弄。舒适和优越其实就是产品的附加值，也是消费者心理被满足的表现，更是消费者的深度需求。

企业的发展离不开消费者。企业要想实现可持续盈利，不仅要满足消费者的产品需求，而且要满足消费者的心理。当企业在最大限度上满足消费者心理之后，一方面可以提高消费者的消费效益，另一方面也可以提高企业的经营效益。

消费者心理是消费者在购买过程中，对产品和品牌的认知过程。换言之，消费者心理就是消费者在购物时挑选、购买、使用的过程中所产生的心理活动。

满足消费者心理需求有利于消费者接受并认可产品，实现消费者的再次消费。消费者或许会因为一时冲动买下产品，但很多时候，消费者买下产品并不代表就认可了该产品，也不代表他会对该产品或品牌进行二次消费。

所以，企业想要将一次性消费者变为永久性消费者，就需要揣摩并满足消费者心理需求，让消费者在购买或是使用过程中，感觉到该产品为其带来的附加值，或该产品满足了自身的消费心理，从而实现消费者的再次购买。

要想满足消费者心理需求，企业就需要做到洞察消费者心理，这意味着企业要对消费者有深度的了解，清晰地知道消费者的需求，并通过产品或服务实现其需求。洞察消费者心理，既可以满足消费者深度的心理需求，也可以帮助企业做出正确的定位。

企业必须意识到，曾经那个依靠低成本和生产效率获利的时代早已过去，而市场竞争刚刚开始。无数对手的涌入，使企业陷入被包围的困境，而要想在这样的背景下打破包围圈，企业不仅要拥有高质量产品，更要满足消费者的深度需求，满足消费者心理。

◇ 梳理爆款逻辑，解析深度需求

服装是人们日常生活的必需品。由于人口众多，我国服装行业市场巨大，不少企业先后以各种姿态进入该行业。它们或以较低的价格取胜，或以优异的质量赢得消费者的认可，或以优质的服务占领市场份额。再加上经济全球化的背景，国外服装品牌也纷纷加入了这场"市场争夺战"。

而在众多品牌之中，优衣库却脱颖而出，成为 2018 年"双 11"购物狂欢节服装类销售榜首。那么，优衣库又是如何在国内企业竞争日益激烈，国外品牌纷纷入驻的形势下突围低迷行业困局，实现销量领先的呢？

方法一：研发精品产品，瞄准消费者的务实心理。消费者在选择购物时，往往会优先考虑产品质量。而优衣库正是以此为突破口，在衣服的面料中加入超强的技术属性。与其他品牌的产品具备吸汗的特点相比，优衣库之前所推出的度假系列服装所用面料的最大特点是防水，即使是从水里捞出来，只要抖一抖，就可以达到速干的效果，极易适合在夏天穿。这在很大程度上满足了消费者的产品需求，也满足了消费者的务实心理。

方法二：联手知名 IP，满足消费者的面子心理。2019 年 6 月 3 日，优衣库在短短 3 秒钟便卖出 10 万件衣服，可以说是震惊业内。而带来这一现象的产品是优衣库和纽约当代艺术大师 KAWS 的最后一次联名 T 恤。KAWS 与各大一线奢侈品牌均有过合作，其大多数产品被炒至上万元，甚至是上百万元，而优衣库的这件联名 T 恤售价仅 99 元。

这样平民的价格，却有着高价值，向广大消费者传递着"人人可得"的信息。原本觉得无力购买的消费者瞬间觉得自己可以轻松购买 KAWS 周边产品，完全满足了消费者的面子心理。

方法三：营造火爆场景，抓住消费者的从众心理。消费者普遍有一种从众心理，看到某个店铺排起了长队，也会一探究竟，如果恰好也是自己所需要的产品，便会选择购买。如果不是自己所需要的产品，也会对这个店铺的火爆产生深刻印象。

优衣库深谙此道。优衣库门口排起长队的同时，也会有身穿制服的优衣库员工站在门口，每隔几分钟之后会放一部分消费者进场。优衣库这一行为，一方面是为了保证店铺内消费者的舒适感，不会因为人数过多而导致环境拥堵，影响消费者的购物心情；另一方面则是通过较多的等待人数，造大声势，吸引更多的消费者。

优衣库的成功与爆款不仅是基于产品的优势，更是基于消费者心理的满足，让消费者在接触、购买、使用的过程中，成为优衣库的忠实粉丝。

2019年的优衣库联名T恤可以说是在行业内掀起了一阵风潮，受到无数消费者的青睐，再一次刷新路人对该品牌的认知。而这恰恰是这些品牌取得胜利的关键，也是它们在行业整体环境低迷的情况下突围而出的助力。

◇ 满足消费心理，突围市场困局

消费者心理是虚拟的存在，看不见摸不到。很多企业在对消费者心理进行研究时没有采用科学的方式，这也就是为什么企业以为会成为爆款的产品却无人问津的原因。因此，企业不仅要重视消费者心理，更要科学合理地分析消费者心理，最终使消费者的心理得到满足。

那么，企业应该如何做才能满足消费者心理呢？

建立品牌。产品是市场的自然需求，是消费者的基本需求，品牌则是抽象化的。很多企业都认为只要做好产品就可以，无须刻意强调品牌。但实际上，仅有产品只能实现短时间的盈利，而在品牌的加持下，消费者会逐渐对该企业的产品产生依赖，最终建立起品牌忠诚度。

产品满足的是消费者的物质需求，而品牌则更偏向于满足消费者心理。企业想要建立品牌，就要基于其优质的产品质量，打造良好的购物环境或平台，具备真诚的服务态度，提供周到的售后服务，并向消费者传递企业文化和精神。在这样的服务下，消费者会感觉自己被尊重、被重视，感到自己的消费心理被满足，从而消费者会愿意再次消费。

限量营销。众多消费者都希望自己所购买的产品是更有价值的，或是其他人无法轻易买到的。这也就是为什么众多品牌的"限量版"被抢购一空的原因。

　　针对消费者这一面子心理和求异心理，企业就要学会限量营销。限量销售是企业限制优质产品的产量或销售量，以制造供不应求的现象。但是企业采取限量营销的前提，必须是消费者对品牌有一定的认知，或是大部分消费者都对该产品有硬性需求。同时，企业也应制订周密的宣传方案和销售方案。只有在此基础上，企业的限量营销才能达到预期效果，否则将会起到反作用。

　　放眼诸多品牌，那些销售量一直稳步上涨的产品，其背后总是有一群忠实的购买者。吸引他们的一方面是产品的性能，另一方面便是产品对消费者心理的极大满足，消费者从中感觉到"被满足"，认为该产品为自己带来了价值。

　　对手林立，市场低迷，这是大多数企业在现在及未来一段时间将要面对的现实。面对困局，企业想要突围，就需要得到消费者的认可与支持。消费者的认可与支持是企业无形的资产，可以为企业带来经济利益。企业要想实现这一点，不仅要保证产品质量，而且要瞄准并在深度上满足消费者心理。在此基础上，企业才能将路人甲乙丙变成忠实的顾客，将普通顾客变成粉丝，最终实现在行业和市场中的突围。

广度：资源上整合一切优势

随着市场竞争的日益激烈，各行各业早已是狼烟四起。诸多企业认为自己拥有资金和市场就可以在被行业对手围困之时突围而出，在日益竞争激烈的市场中虎口逃生。但无数企业却用残酷的现实给出了答案：即使拥有雄厚资金、占据市场高份额，也有可能被拖垮、被蚕食。而一些资金不足、市场份额不多、默默无闻的企业却可以打破行业低迷现状，日益发展壮大。

是什么让前者得天独厚，却还是日薄西山，是什么让后者毫无根基，却依然欣欣向荣？深究之下不难发现，资源、市场、消费者等固然不可或缺，但是，资源优势的整合才是后者渐入佳境的重要原因。

✧ 整合资源，优势互补

不管是屹立不倒的大企业，还是崭露头角的中小企业，都不可能掌握所有资源。企业想要实现长期发展，就要懂得整合资源优势。以外部资源推动内部发展，以资源优势突围行业困局，以优势整合获取市场资本，为企业绘制长线路径。

随着市场的变化和自身的发展，企业的资源要随之进行整合与优化。一个优秀的企业既要拥有资源，也要拥有整合资源优势的能力。

整合资源优势是一种系统论的思维方式，是根据企业发展战略和市场需求重新配置相关资源，是帮助企业实现可持续发展的战略决策。通过整合，实现资源优势向企业重要环节集中。在内外部资源优势的配置上，企业要做到"有进有退，优进劣汰"，将资源优势形成自身的核心竞争力。

整合资源优势是企业为其长远发展而采取的战略决策，是复杂的动态过程。它需要企业根据不同来源、不同层次、不同结构的资源进行有目的性的识别、选择，然后进行激活和有机融合，最终达到整体最优。

企业要想对不同资源进行识别、选择，就需要从企业宏观战略和微观战术两个方面综合考虑。企业宏观战略要求企业对资源进行产业定位、市场定位和产品定位，确定资源能否满足各方面需求。微观战术则涉及企业的生产经营问题，根据资源的层次性与可接受性对其进行识别与选择。

资源的激活和有机融合贯穿于企业整个生产经营过程中，它是决定资源能否发挥最大效应的重要步骤。资源的激活和有机融合则是在资源的相互匹配和补充的基础上，将已选择的外部资源与内部资源进行有机融合，内化于企业。

企业不仅是管理性组织，更是资源集合体。企业要想实现发展不仅要对技术、人力和产品等内部资源优势进行整合，还要在外在发展环境中汲取先进资源，与自身资源相融合，为己所用。此外，企业需要注意的是，整合资源优势并非企业单方面的受益，而是基于双方或是多方合作伙伴共同获利的基础。

✧ 广度整合，势所必然

市场的快速发展和市场资源的有限性，使越来越多的企业意识到资源整合的重要性。是否有能力并善于进行资源整合是衡量企业竞争力的重要依据。换言之，整合资源优势是企业核心竞争力的关键之一。

市场中通过整合资源优势而成功的企业比比皆是。安德玛作为美国运动品牌，其主要生产范围是体育运动装备。在美国，提到安德玛，诸多消费者脑海中出现的词便是"高端""专业"。作为行业后来者，安德玛的出现一度令耐克、阿迪达斯陷入不安。如果深究安德玛为何具备如此大的影响力，便可知道资源优势对其发展的重要性。

一方面，安德玛以人员的资源优势整合助力技术研发。安德玛将自身定位为高端、专业的体育运动装备供应商之后，以精美的做工和完美的设计，迅速在美国打响知名度。作为足球明星，安德玛创始人 Kevin Plank 更了解消费者对运动产品的敏感度，所以在产品设计中，他也会提出一些专业的意见。

之后，随着品类的增多，Kevin Plank 无法针对每一款产品提出建议。所以，他决定聘用退役运动员或是半职业运动员，利用他们对运动产品的敏感度，得到更加有效、有用的意见。整合众多人员的专业优势，提高产品性能。

另一方面，安德玛以技术的资源优势整合推动产品开发。2018 年，安德玛推出一系列为运动后场景设计的恢复产品，其面料中内嵌有能量返还材料。面世之后，该系列产品受到了消费者的青睐。随后，安德玛对该类产品进行深度挖掘，并与 Celliant® 专利技术联手，整合技术优势，将天然矿物质经过萃取并分解成活性粒子，融入纤维并染织形成高性能面料。2019 年，安德玛推出 RUSH 系列运动装备。

RUSH 系列运动装备延续了恢复产品中的能量返还性能，且对此进行提升，将运动员运动时所产生的热能转化为远红外能量，反馈给人体，更好地帮助运动员在竞技中和训练时提高运动表现，挖掘运动潜能。

安德玛的成功绝非偶然，而是用对资源的优势整合吸引消费者的必然。人力和技术的资源整合让安德玛的产品深受消费者喜爱，在竞争激烈的行业中依然可以突出重围，占领市场，成为运动服装行业中的佼佼者。

企业要想在行业中突围，正确的商业模式可以为企业指明前进的方向，资源优势的整合可以为企业找到发展的助力。在这两者的加持下，企业才能更快突围，在市场中立足，成为行业新秀。

✧ 资源优势，逆境突围

在未来的市场发展中，企业的资源优势整合是十分重要的，它可以帮助企业扬长避短，让企业拥有更多可利用的资源，提升企业的市场竞争力。

企业创造资源很难，但整合资源优势却相对容易，整合资源优势有利于企业的长远发展。每家企业都会有尚未被挖掘的资源，所以企业可以先从自身发掘资源优势，然后对其进行分析和整合，最终达到增强自身实力的目的。整合资源优势既是外部的资源优势整合，也是内部的资源优势整合，当两者齐头并进时，企业才能迅速做大做强。

那么，对于内外部，企业需要对哪些方面的资源进行整合呢？

第一，合作企业之间的资源优势整合。每个企业都有优势和劣势，所以要想实现利益最大化，便需要通过同行业之间、产业链之间建立合作关系，进行战略结盟，整合各个企业之间的人力资源、物力资源、信息资源和消费者资源等。这样，企业在进行资源互补的同时，还可与大企业相抗衡。

第二，营销资源的优势整合。市场营销是企业经营的原点，满足消费者需求是企业经营的终点，而产品与市场产生关联的重要方式便是营销。整合营销资源优势，归根究底还是发现并瞄准消费者痛点，对各种营销工具和方式实现系统化结合，根据情况变化进行即时性的动态修正。

企业一方面可以进行内部营销优势整合，如推广渠道配合、工作人员互补、内容互助等；另一方面可以进行外部营销优势整合，如与合作企业进行营销资源交流，学习其成功的营销方案和策划，作为己用。

第三，政策资源整合。一个成功的企业，不仅要对各方面资源进行优势整合，还需要整合政策资源优势。政策作为国家发展的方向，必然会对市场、行业和企业产生极大的影响。立足企业长远发展的角度，除了受市场经济因素影响极大之外，政策资源有时也会起到决定性作用。所以，企业应该时刻瞄准政策，把握政策，贯彻政策。

资源在企业突围市场困局中扮演了极为重要的角色。企业若想顺利突围，成为行业中的赢家，就要学会资源优势整合，加强对企业广度的开发，这样才能使企业拥有更多突围成功的筹码。

企业突围的核心是速度、精度、深度和广度的融合，四者缺一不可。企业在四者融合的基础上，才能以最佳的状态及强大的实力去面对挑战，以最稳妥的方式突围行业困境，逆风生长。

第五章
突围之力，失控世界的重新组合

　　面对强势包围，不少企业显得局促不安。要想突围，企业势必要将失控的内部重新组合。企业的发展以人为基础，个体作用的发挥则离不开一个高效能的组织。以组织为基础，方能达到1+1>2的效果。

　　不断提升组织的凝聚力，使企业中每一位员工都向着同一个目标出发；不断提升组织的学习力，使企业发展跟上时代、赶超时代；不断增强组织的执行力，使企业的各项战略、工作都及时有效地得到落地实施；不断提高组织的革新力，使企业时刻保持生机与活力；不断加强组织的合作力，使企业寻找到更多的合作伙伴，共同打造美好的未来。

　　企业是时代的企业，组织也是时代的组织。组织不仅要回答，而且要完美地回答时代对组织做出的要求。组织要勇敢地跟随时代发展的脚步，一往无前，成为企业从困境中突围的强大助力。

凝聚力：从分散到聚合

如果说羚羊奔逃是为了躲避狮子，狮子奔逃是为了躲避发怒的群象，那么，成百上千的狮子和大象集体奔逃，则是为了躲避蚂蚁军团。就个体而言，每只蚂蚁都十分渺小而微弱，很多人和动物都可以将其随意碾压。然而，一旦蚂蚁凝聚在一起，形成一个巨大的团队，即使是百兽之王、草原之王也不得不退避三舍。

同理，在这个大浪淘沙的时代里，企业必须增强组织的凝聚力，提高组织的战斗力。诚然，企业的生存与发展离不开卓越的管理者。但是，面对残酷无情的商场，面对层出不穷的困境与挑战，纵然是再强大的英雄，也会有疲弱的时刻。因此，只有以强大的组织为后盾，每个成员才能在最大程度上战胜迷茫与恐惧，进而使企业摆脱困境，得到可持续的发展。

✧ 凝心聚力，一往无前

优秀企业与普通企业之间存在着一种十分明显的反差现象：前者，员工的精神面貌良好，斗志昂扬，朝气蓬勃；后者，员工精神萎靡不振，精疲力竭，工作效率低下。造成这种现象的一个重要原因就是，企业没有打造出真正的组织凝聚力，没有创造出令企业可持续发展的能力。

在著名管理学家斯蒂芬·P.罗宾斯看来，组织凝聚力是群体成员之间相互吸引并愿意留在组织中的程度。简而言之，组织对成员的吸引力、成员对组织的向心力，以及成员之间相互的吸引力就是组织凝聚力。凝聚力是组织存在的必要条件，对组织潜能的发挥有重要的意义。

影响组织凝聚力强弱的因素有很多，诸如组织成员的构成，包括组织的规模大小、成员的相似性和相吸性等；组织任务，包括任务的难度、任务对成员的吸引力、任务目标的一致性等；组织内部管理，包括组织规范、组织沟通效果、组织激励方式等。

凝聚力可以将原本一盘散沙的群体升级为铁板一块的团队。散兵游勇对阵坚甲利兵，胜负可想而知。与成员各自为战的群体不同，团队是一个整体。群体是懒散的，有形无神，遇到外界的变化和打击，很容易被冲散打垮。团队是高效运转的，所有成员有着强烈的认同感和凝聚力，使团队具有顽强的生命力。在困境和目标面前，团队成员心往一处想，劲儿往一处使。因此，团队的战斗力明显高于群体。

组织是抽象的，但是，每一个组织成员都是具体的。凝聚力将每一个独立的个体团结在一起，不仅使其心甘情愿留在组织里，而且使其主动贡献自己的智慧，为组织的发展殚精竭虑，任劳任怨，无怨无悔。与此同时，凝聚力还会不断从外部吸引新鲜的血液，使组织的人才资源得到保证。

人心齐，泰山移；人心不齐，则寸步难行。在企业或艰难或平稳或快速的发展过程中，凝聚力都是必不可少的。企业经营如棋，每行一步都有谋划，每行一步都有活力。每一枚棋子的地位都是平等的，都是棋局不可或缺的一部分。只有精诚合作，将企业中每一个员工的力量结合起来，将四处分散的力量凝结到一起，形成一股劲，才能使企业从逆境中突围，才能推动企业不断向前发展。

✧ 众志成城，攻坚克难

从阿里巴巴"十八罗汉"、腾讯"五虎将"，到百度"七剑客"、小米"八大金刚"，无数优秀企业都传达出了这样一个信息：孤胆英雄单打独斗的时代已经成为过去，企业必须增强组织的凝聚力，建设强有力的灵魂团队。

组织凝聚力在企业的实际管理工作中扮演着重要的角色。组织凝聚力在很大程度上影响着组织行为和组织效能的发挥。凝聚力强，组织关系融洽，顺利完成工作和任务的可能性就大。相反，凝聚力弱，一盘散沙，将不利于工作和任务的完成。

当下，国内各行各业的竞争都十分激烈。在这个庞大的队伍中，初创企业与成熟企业同在。其中，有的企业失败了，有的企业则在组织凝聚力的加持下顺利突出重围，在取得成绩的同时走进公众视野，赢得了市场和大众的认可。

近年来，随着资本大量涌入市场，财税服务行业涌现出了一大批新生力量。在"诸侯割据""群雄厮杀"的情形下，重庆优税猫科技有限责任公司（以下简称"优税猫"）成功撕开了财税服务行业的口子，在市场中获得了一席之地。如今，优税猫已经获得了超过6000家企业的认可和青睐。

优税猫取得今日成绩的原因很多，但其中至关重要的一点就是，优税猫拥有极强的组织凝聚力。如果不能将分散的个体凝聚为一股力量，那么优税猫的发展注定是短暂的。在组织凝聚力的作用下，管理层与员工彼此之间形成高度的默契和惺惺相惜的情感认同。优税猫的所有员工能够众志成城向着同一个目标进发，并在攻坚克难中不断实现一个又一个目标。

为了充分发挥企业文化对组织凝聚力的增强作用，优税猫积极推动企业文化落地。一方面，公司的领导者不会居高临下，他们会从最普通的小事做起，如坚持每天打卡上下班，来践行企业文化；另一方面，公司会专门拨出款项用来做管理培训，在加深员工对企业文化理解的同时，使其能力也得到真正的提升。

此外，优税猫还有一个别具一格的会议——"坦诚沟通会"。在这个会议上，高管与员工之间的上下级区分消失了。大家可以对彼此的缺点畅所欲言，进而能充分发挥团队成员彼此之间的监督作用，有利于消除彼此之间的误解，达成共识，促进企业发展实现良性循环。

在这个瞬息万变的时代里，企业要发展，仅仅拥有各自为战的人才是远远不够的。人才易得，强大的组织却需要经过长时间的淬炼方能产生。优税猫之所以能从众多竞争对手中脱颖而出，并取得今日的成就，离不开优秀的人才，更离不开强大的组织凝聚力。

✧ 百炼成钢，增强凝聚力

强大的组织凝聚力不是一开始就存在的。随着企业的发展，组织成员之间的不断交流与合作，原本微弱的组织凝聚力将渐渐得到加强。自然，如果企业在发展的过程中，不注意对组织凝聚力进行加强和巩固，那么，组织凝聚力将会渐渐衰弱，甚至消失。企业要想增强组织的凝聚力，就需要做到以下四个方面。

首先，制定明确的企业使命、愿景和价值观，形成独有的企业文化。每一个企业都有自己的文化。企业文化得不到组织成员的认可，就代表着组织成员对组织的不认同。共同的文化是基础，没有共同文化的组织，一定是极度缺乏凝聚力的。在文化的指引下，组织才能拥有明确的前进方向，才能将组织中每一个成员都紧密地联系在一起。

其次，增强组织成员之间的互补性。自然界有一条基本规律：同性相斥，异性相吸。因此，企业需要根据性别、年龄、地域、性格等因素，将组织成员进行合理搭配。当组织成员之间形成一种互为补充的关系时，组织凝聚力的基础便得到了有力的加强。

再次，适当增加外部压力。通常，当组织受到来自外部的挑战或攻击时，组织的凝聚力都会在一定程度上得到增强。需要注意的是，如果来自外部的威胁和压力无法有效解决，那么组织的凝聚力不仅无法得到增强，还会降低。因此，面对来自外部的压力，企业必须及时增加组织的信心。

最后，增加进入组织的难度，提高进入组织的门槛。试想，如果仅凭一张身份证便能加入一个组织，那么这个组织很有可能是松散的。相反，通过激烈的竞争进入一个组织后，由于有着相同的奋斗经历，成员之间的凝聚力便会相应有所增强。退出组织，则意味着高额的转化成本，这也会让其更加珍惜组织。

无论是初创企业还是成熟企业，都必须时刻牢记一个关键：企业经营不是一个人的事，而是一群人的事。当企业想要完成一个目标时，必须激励组织中的每一个成员为之奋斗；当企业面对来自外界的威胁时，必须激发每一个成员的战斗力。增强组织的凝聚力，实现成员从分散走向聚合，企业才有可能凝聚更强的突围之力和发展之力。

学习力：从知识到智慧

1955 年,《财富》杂志开始推出全球 500 强排行榜。至今, 榜上有名的企业更换了一批又一批。导致企业失败的原因各有不同, 但从根上来看是一样的: 学习力差。

从某种意义上来说, 学习力决定了企业的竞争力。没有学习力或学习力差, 意味着企业丧失了生命的源泉、发展的动力。以强大的学习力来武装自己, 企业才能避免在激烈的市场竞争中被风卷残云般淘汰, 才能真正实现"剩者为王"。

◇ 万千变化, 唯学可破

这是一个巨变的时代, 技术的变化日新月异, 知识的迭代与重构也愈加频繁。在这个时代里, 小到个人、企业, 大到民族、国家, 学习都显得尤为重要。然而, 传统的学习方法早已不再适用。以学习力获取知识, 将知识内化为智慧, 持久学习, 方能充分发挥知识的作用, 从而逃脱时代罗织的巨网, 有效实现自身的增值。

那么，什么是学习力？学习力，不是简单的学习书本知识的能力，而是一种将知识资源转化为知识资本的能力。学习力一般包含三个要素，即学习动力、学习毅力、学习能力。从主体和作用上来看，学习力有个人学习力和组织学习力之分。

组织学习力与个人学习力是不尽相同的。组织学习力集中体现了组织的创新能力，强调团队整体搭配的学习能力。组织学习不仅是组织成员之间的沟通交流、互相学习，而且是组织成员努力寻求并达成共识，进而实现统一行动的过程。在这个过程中，组织的创造性张力也会随之产生。

对于企业而言，组织学习力明显比个人学习力更加重要。2019 年 3 月 28 日，淘宝大学发布了《赋能 +2019 最具学习力企业榜》，以激励企业进一步提升组织学习力。组织学习力的重要性不言而喻。

组织学习力贯穿了企业经营发展的始终。从最初成立，到新产品的开发和推广、新技术的引进、新制度的实施，可以说，企业所取得的每一次进步、每一项成绩，都是在学习中实现的。在这个或长或短的过程中，学习力强，则意味着企业可以超过竞争对手。相反，学习力弱，企业就只能陷入被动挨打的困局。

组织学习力是企业强大的竞争力。资金、人才、原材料、技术、专利等资源都可以被竞争对手抢走，唯有学习力无法被夺走、被复制、被消除。因此，学习力是企业一项不可或缺的重要能力，是一项需要不断提升的能力。强大的组织学习力可以让企业站得更高、看得更远。

天下武功，唯快不破；万千变化，唯学可破。无论时代前行的速度有多快，无论市场环境的变化有多快，在强大学习力的加持下，企业都可以从容应对，与时代同行，筑牢企业长青的基石。

◇学习驱动，披荆斩棘

学习力对企业发展的影响是长期的，是潜移默化的，往往不会出现立竿见影的效果。那些历经几十年甚至百年发展的可持续增长企业，正是以学习力为利剑，在发展的道路上披荆斩棘，冲破阻力，不断前行。企业必须不断学习，否则将被学习者包围，被学习者蚕食鲸吞。

随着通信技术的不断迭代，通信行业的竞争日趋激烈，已然进入白热化状态，市场趋向饱和。前有巨头虎视眈眈，后有新秀奋起直追，为了生存与发展，已经入局通信行业的企业该何去何从？

成立于1987年的华为，经过30多年的发展，已然由一家小作坊成长为全球的行业领导者，是当之无愧的时代传奇。同其他企业一样，华为的发展也不是一帆风顺的，其中包含了许多困难与挫折。从最开始的活下去，到逐渐走出混沌，再到如今的真正全球化，华为历经千难万险，终成为"大浪淘沙始见金"的完美见证。

作为一家典型的技术驱动型企业，华为之所以能取得今天的成就，离不开学习，离不开组织强大的学习力。正如任正非所说："我们要向所有优秀的人学习，学到优秀之处才能让我们变得更强。"

华为的学习力是得到大众一致认可的。早在1998年，伴随着任正非"削足适履""先僵化、后优化、再固化"的口号，华为开始向IBM学习流程管理。在经历了两年零三个月之后，华为成功导入了IPD（Integrated Product Development，即集成产品开发）流程。不只如此，在1998年到2008年这十年间，华为向世界一流标杆企业学习，顺利实现了管理职业化改造，以及各方面的职能化建设。

2012年，小米手机红透半边天。在承认小米成功的同时，华为开始向小米学习，解读小米模式，并于2013年成立了互联网品牌手机荣耀。荣耀品牌手机取得了良好的销售业绩，成为华为终端发展史上的里程碑事件。2016年，OPPO和vivo的线下逆袭吸引了华为的注意。当时，在华为终端公司的号召下，全体成员开始向OPPO和vivo学习。随后，华为积极建立线下品牌门店，提升了品牌形象。

学习之路永无止境。华为的学习从来都不是口号式的，从不停留在表面上。只要是好的优秀的东西，华为都谦虚地学习，并努力将学习的结果落地。凭借着强大的学习力，华为一路披荆斩棘，不断奋勇前行。

学习力并非生而有之，需要通过长期的学习积累，并在实践中得到逐步提升。为了提高组织的学习力，华为也一直在进行各方面的努力，并且始终不曾停下脚步。2005年，华为组建了华为大学，主要为企业员工及客户提供各种培训课程。如今，华为大学为华为培养了大量优秀的人才，是华为公司的"黄埔军校"。

超强的学习力使华为总能够赶上市场的变化。虽然有时也会遇到困局，但是，在学习力的支撑下，华为总能顺利实现突围，取得一项又一项非凡成就，不断扩大自己的发展空间，迈向更加广阔的未来。

✧ 循序渐进，厚积薄发

每一家企业的学习力都是不同的，或强或弱。导致企业组织学习力不佳的原因有很多，诸如错误的组织设计和管理方式、不合理的员工培训方式等。那么，企业该如何提升组织的学习力，以应对外界变化带来的问题呢？

组织学习中经常会出现这样的问题：或是急于求成，追求速效；或是迷信运动，"雷声甚大，雨点全无"；或是流于表面，使学习成为员工的负担，进而招致员工的反感。工欲善其事，必先利其器，提升组织的学习力离不开科学的学习方法。组织学习力的提升，是一个过程，必须循序渐进，厚积薄发。

关于学习，著名畅销书《追求卓越》的作者之一罗伯特·沃特曼曾指出："人类似乎有两种学习途径，第一，通过分析我们的缺点并努力改正；第二，通过观察佼佼者并试着模仿他们。"因此，企业需要提升员工的个人学习力，加强组织成员之间的协作学习。

个人学习力是组织学习力的基础。要打好这一基础，企业需要做好员工的素质培训工作，着重提升员工个人的学习力，包括自我反省、基本素质、逻辑判断能力等。个人学习力的提高将使组织的运营效果得到有效改善。

组织成员之间的相互学习是最重要的学习方式，企业要通过各种方法不断强化组织成员之间的协作学习。协作学习的潜力和魅力是无穷的。在各种形式的协作学习中，不同的思想将在碰撞中迸出火花，从而使成员的智慧和灵感得到激发。这也是组织成员取长补短、塑造人格的重要方法。

组织学习不是简单的成员个人学习的累加。因此，企业务必在实践中不断创新组织的学习方式，诸如举办业务能手大赛、建立组织内部知识库等，建立高效的学习组织，提升组织学习效果。否则，很容易出现事倍功半的后果。

世界发展的速度越来越快，知识老化的速度也越来越快。企业必须加强修炼组织的学习力，锻造高效能的灵魂组织。否则，人才很快就不再是人才，组织也将不再是高效能的组织，企业也将失去市场竞争力，更不用说从困境中突围。

执行力：以标准促执行

战场突围离不开优秀的将领，更离不开每一个普通的士兵。正确的突围策略需要士兵们不折不扣地强力执行，否则，再好的策略都是徒劳无用。同理，当企业身陷市场竞争的泥淖时，要想突围，离不开优秀的企业管理者，更离不开执行力强的员工。

✧ 标准先行，令行禁止

不少企业都存在这样的现象：或是人员流动性强，老员工少；或是新进员工难以在短时间内适应自己的工作；或是企业生产的产品、提供的服务质量不高，且很难提高，进而导致用户流失。这些现象的存在说明了一个共性的问题：员工的执行力差。

什么是执行力？简而言之，将战略意图贯彻的同时，实现预定目标的操作能力就是执行力。就个人而言，执行力指将想做的事做成功的能力。对于企业而言，执行力是将企业战略和规划转化为效益、践行为成果的关键。执行力一般包括三方面内容，即完成任务的意愿、能力、程度。

导致企业员工执行力差的原因有很多，不一而足。其中，很重要的一个原因是企业没有标准，或是标准不明确。换言之，没有标准，员工不知道做什么，不知道怎么做，做起来不顺畅。

企业没能确立明确的标准，与企业管理者对标准的错误认知有关。管理者或是认为标准的制定会影响工作的速度和效率；或是认为标准的制定很简单，不用投入过多的时间和精力；或是认为标准是针对员工制定的，管理层不需要按照标准工作；或是认为标准一经制定就不用加以修改，因而无法做到与时俱进，这于企业的发展无疑是徒劳无益的。

标准的建立有利于解决企业团队的胜任力问题。试想，如果团队中大部分人都无法胜任自己的工作，那么企业的发展状况自然是江河日下，日渐式微。因此，企业要想提高员工的执行力，保持向好发展，势必要建立一套完整的标准体系。

当企业建立了自己的标准时，一系列问题就能得到有效解决：避免短板限制长板，解决团队成员能力参差不齐的问题；提高团队执行力，解决执行力不高的问题；提高团队工作效率，解决效率低下的问题；留住人才，解决频繁的人员流动问题，等等。

受外界因素的影响，企业的发展很容易遇到各种危机和挑战，从而陷入包围之中。标准的建立，将有助于企业在短时间内快速提高员工的执行力，从而助力企业突出重围，踏上新的发展台阶。

◇ 可视化标准，重焕生机

商业文明历经千年发展至今，一批又一批企业先后出现，随后又石沉大海，销声匿迹，仿佛不曾出现过。也有这样一些企业，虽经历大风大浪，却能够从危机中寻找到生机。它们不断努力生长着，将会成为商业历史长河中耀眼的明珠。

无印良品是全球零售市场上的传奇。自成立至今，虽然也经历过各种危机，但是，总体而言，无印良品已经保持了 30 多年的稳健经营。它是将日本素文化与商业进行融合渗透的典范，树立了同行难以超越的界碑；它以独特的气质、经典的品牌形象收获了一大批忠实的消费者。

无印良品为什么能取得如此大的成就？成功的原因千万条，其中至关重要的一条就是，建立可视化标准。

可视化标准一：两本工作指南，实现具体工作的量化与标准化。

在无印良品内部有两本工作指南，即无印良品工作指南和业务规范书。前者是经营指南，帮助店铺进行日常服务和运营；后者主要用来指导如何将店铺与集团开发、策划等部门的业务整合在一起。总的来说，这两本指南将员工工作中遇到的各种情况进行了"标准化"，从而使员工可以向同一个目标努力。

这两本工作指南是众人工作技巧和智慧的结晶。有了这两本工作指南，从公司经营、产品开发，到卖场陈列、顾客接待，一切都有章可循。在手册的指导下，大部分的问题都可以得到顺利解决，团队的执行力也因此得到了极大的提升。

此外，两本工作指南的内容会定期更新。更新之后，更多的问题和解决方法被记录下来，工作方法在不断刷新的过程中，促使员工在工作中主动寻求需要改善的地方。

可视化标准二：建立"DINA"系统，避免手册变成形式主义。

DINA，即 Deadline（完成期限）、Instruction（指示）、Notice（联络）、Agenda（会议记录）。在"DINA"系统的辅助下，所有工作都将有效避免流于纸上谈兵。以此为基础，员工的工作动机将变得更加强烈而准确。

可视化标准三：六点半准时下班。

在无印良品，员工接到的每个任务都有明确的时限，并会上传至公司内部系统，时时更新任务完成进度。这一信息不是只有本部门可以看到，而是多部门共享。如此，为了实现六点半准时下班，员工必须想清楚先做什么，后做什么。工作得到合理安排，员工的执行力自然也相应得到了提高。

任何事缺乏基础便无法得到应用，没有标准就没有改善的可能。显而易见，在可视化标准的助力下，无印良品实现了"执行百分之九十五，计划百分之五"，进而实现了企业的创新经营，在激烈的市场竞争中获得了立足之地。

✧ 定制标准，向阳新生

无论是在大企业，还是在中小企业，标准都一直存在，只是形式不同。有的企业将标准明确化，以各种形式呈现在员工眼前。有的企业表面看起来没有标准，其实企业经营中的一切事务都遵循着一定的标准。只要认真地加以整理，企业便可以制定出一套行之有效的标准体系。

那么，企业该如何量身定制一套标准体系以提高组织的执行力，从而使企业摆脱困境、向好发展呢？

首先，企业管理者必须强化自己的标准意识，这是很重要的前提。漏掉这个前提，企业将很难真正建立起标准体系。迪士尼和麦当劳之所以能在各自领域中长盛不衰，一个重要的原因就是其创始人在标准的制定和执行上十分执着。

其次，做好企业制度和流程的完善工作。其中，明确员工的岗位核心职责及各部门的具体分工尤为重要。只有当每个人、每个部门的工作都清晰明确的时候，才能提高组织的执行力，使各项工作在最大程度上得到落实。否则，分工不明，职责无法确定，将会大大降低企业的经营效率。

再次，设立专门的部门或机构，监督、检查、跟踪标准实施的效果，并根据实际情况，随时将标准进行适当的调整；对员工进行培训，提高其对标准的践行力度，并使员工在达标的基础上，努力做到优秀。

最后，标准不是一成不变的，企业必须建立 PDCA 模型，适时对标准进行复盘和改进，从而制定出符合企业实际、有利于企业发展的标准体系。尤其是在变化日新月异的今天，企业标准的制定一定要顺应时代发展的潮流。

此外，基于自上而下的原则，必须充分发挥企业领导层的带头作用。标准一旦制定，企业的领导层就要积极践行标准，不越轨，不做"标准之外的人"。需要注意的是，标准的制定是为了进一步提高员工的执行力，因此，企业绝不能为了标准而制定标准。对于优秀企业的标准，可以适当借鉴，但绝对不能照抄照搬。标准的制定务必以企业的实际情况为本。

空谈误事，实干兴业。实干，离不开强大的执行力。执行力是企业从包围中突围而出不可或缺的力量。企业要想在风云变幻的市场中活得久、活得好，就必须尽快建立起自己的标准体系，以标准促执行，不断增强组织的执行力。

革新力：从优秀到卓越

组织的形成不是一朝一夕就可以完成的，需要经过长时间的积淀。在组织形成的过程中，相应的文化、制度也会随之产生，从而形成一个强有力的组织体系，帮助企业在发展中披荆斩棘，迈向一个又一个全新的台阶。

然而，时代总是在向前发展，市场环境变幻莫测，企业总是面临着许多未知的风险。因此，无论是多么优秀的组织，都必须紧跟时代，不断完成自我进化，以应对接踵而至的困难和挑战，帮助企业从困境中突围而出。

✧ 革故鼎新，拥抱变化

什么是组织？组织，即一群人的集合。家庭、学校、公司、国家是组织，单打独斗的个人则不是组织。组织的形式是多种多样的，且一直处在不断的变化之中。有合作就有组织，有组织就有合作。

对于企业而言，组织起着至关重要的作用。它可以使企业战略得到落地执行，从而使企业稳步向前发展。相反，没有组织的支持，企业的价值主张就无法实现，产品的质量就无法保证，用户的数量就会减少，利润的获得就无法持续，企业就无法在市场中立足。

企业的发展需要稳定的组织结构。但是，当企业形成稳定的组织时，是否意味着组织自此可以一成不变？

答案显然是否定的。任何一家企业的发展都不是一帆风顺的。在或长或短的发展历程中，企业组织内部难免形成岗位和职能的固化。另外，企业内老员工的工作思路、方法及风格也容易形成路径依赖，从而阻碍员工工作效率的提高。无一例外，这些都是组织体内的"结石"。如果不及时进行组织革新，将"结石"碎掉，企业便会逐步踏入堕落的深渊。

因此，一个好的组织绝对不是一成不变的，它一定是一个具备超强自我调节能力的动态系统。它能够随着环境的变化而变化，随着时代的发展而不断自我革新。在不断地自我革新中，组织里落后的因子将一一被消除，新鲜的血液将不断被注入，组织的活力也因而能够得到增强和长久保持。

著名产品人梁宁在一篇文章中曾指出："作为领导者，你身边有没有一位这样的教练？他会在一旁观察你，在你疼痛破碎的时候，告诉你疼痛因为碰撞不同，破碎是在重建自己。"无论何时何地，在破碎中重建组织，在主动碎石中实现组织的自我革新，拥抱变化，企业才能打造出高效敏捷的组织模式和管理架构，才能增加从困境中顺利突围的筹码。

◇ 与市场同行，得发展先机

企业要时刻关注市场，敏锐捕捉到市场中发生的各种变化，并及时做出应对，革新组织，适应变化。与市场同行，企业方能领先一步抓住发展的机遇。

电商是"互联网+"时代的产物。自2011年开始，伴随着互联网热潮的兴起，一批又一批电商陆续涌现。在热闹非凡的电商大潮中，死了的企业很多，活着的企业很少，发展得好的企业更是少之又少。作为迎来送往的旁观者，市场见证了电商的没落，也见证了电商的辉煌。

作为中国电商的先驱和翘楚，阿里巴巴自成立至今已经进行了多次组织架构调整，调整速度之快、幅度之大，远远超过一般的互联网企业。可以说，持续的组织革新与升级是阿里巴巴发展过程中的常态。

2018年11月26日，阿里巴巴完成了涉及多个业务线的组织架构调整。此次调整，通过将阿里云升级为阿里云智能，将天猫升级和裂变为大天猫等措施，致力于打造阿里商业操作系统。

2019年6月18日，阿里巴巴再次完成了新一轮的组织架构调整。此次调整的主要目的是"充实创新业务的领导力量和组织保障；明确大文娱一号位，聚焦大文娱各业务的紧密融合；实现战略投资业务与财务体系一体化"。

组织革新是阿里巴巴在行业内擎旗领跑的动能和燃料。正如阿里巴巴CEO张勇所说："数字经济时代正扑面而来，社会、经济、生活的方方面面正在发生巨大的变化。我们不仅要积极拥抱变化，而且要主动创造变化，这样才能引领时代的脚步，成为新时代的'造风者'！"

创建于2015年1月9日的网易考拉，是一家以跨境业务为主的综合电商。经历短短几年的发展之后，如今的网易考拉已经成为中国跨境电商零售行业排名第一的电商平台。对于消费者而言，在跨境电商的优惠政策下，网易考拉就像一家"网上免税店"。

网易考拉成立之初，线上只有七个工程，团队规模较小。随着业务的不断发展，团队的不断扩容，网易考拉的组织架构也进行了多次调整，逐渐出现了订单中心、用户中心，以及商品中心等。在不断地革新与完善中，网易考拉拥有了简洁且能够快速决策的组织架构，从而助力网易考拉取得了一个又一个优异的成绩。

当一家初创企业成长为行业标杆之后，其竞争对手也必然会发生改变。面对实力强大的世界级竞争对手，企业依旧要厉兵秣马，枕戈待旦，修炼更加强大的组织革新力。通过组织革新，企业才能更好地适应不断变化的市场，从而抓住发展的机遇。

◇ 预见未来，棋胜一招

对于企业而言，组织革新不是一天、一星期、一个月就可以完成的，而是一个循序渐进的过程。任何在外人看来是大刀阔斧进行的组织改革，事实上都经历了一个很长的过程。另外，组织革新力的提升也并非一日之功。因此，如果企业一味执着于组织的快速革新，最终可能得不偿失。

当下，市场环境错综复杂，瞬息万变，企业组织的形式也处在不断的发展变化之中。因此，企业需要学会从组织的变化趋势中寻找组织革新的方向。

未来组织的第一大变化是，越来越小。在当今社会，越来越多的大企业都在将重复性的低端工作外包出去，只专注于自己的核心领域。因此，许多在某个领域十分擅长的中小企业获得生存发展的机会。未来，为大企业提供外包协作的小而美的企业将会呈现出遍地开花的景象。

未来组织的第二大变化是，无边界。最初，组织与组织之间界限分明。现在，随着企业对外协同办公的频率越来越高，组织之间的界限开始变得模糊，甚至逐渐消失。企业之间的跨界合作，也使组织开始超越行业界限，组织的边界不断被打破。

未来组织的第三大变化是，多维网络型。组织的结构由职能化演变为多维网络型。组织的划分方式不再单一，而是多维的。当组织的结构变成多维网络型结构时，组织中一系列的问题，诸如绩效评价、任务分派等将会面临新的挑战。

　　未来的组织变化趋势不只这些。企业要想准确把握组织的变化趋势，掌握组织的变化规律，还必须密切关注市场的变化，关注大企业的发展动态。

　　时代的发展、市场环境的变化不可阻挡，不可逃避。对此，企业必须增强组织的革新力，不断实现自我进化，以变应变。在不断的自我革新中，组织才能始终保持优秀，才能实现从优秀到卓越的蜕变，企业才能进一步把握市场发展的脉搏，从险境中突围而出。

合作力：从竞争到共生

商业环境在加速变化的同时，商业思想也在不断进化。从"血腥"红海到零和博弈，从零和博弈到负和博弈，这些割据竞争思想正在逐步退出商业实践的舞台。未来，企业将踏入一个以共赢策略为基础的开放合作时代，共生逻辑将会取代竞争逻辑。

显而易见，如果企业仍旧固守竞争思想，将很难从当下的困局中突围而出。反之，如果企业能以开放共赢的心态积极寻找合作伙伴，将能通过强强联合、优势互补，顺利突破困局，实现共生共存，协同发展。由独立走向共生，这是企业组织发展的必然。

◇ 组织发展，共生共荣

近几年来，在移动互联网技术的迅猛发展下，个体价值开始迅速崛起。能动的个体在社会的各个领域中充分发挥自我价值，犹如璀璨的星辰。在这种情况下，个体与组织的关系也由以往的服从变成了共生。个体价值在不断带来惊喜的同时，也充斥着巨大的变化和不确定性。对于组织而言，这是机遇，也是必须应对的挑战。

这是一个挑战与机遇并存的时代。一方面，单纯的分工已经很难再提升效率，必须转向协同；另一方面，来自组织外部而非内部的挑战已经成为组织面临的最大挑战。此外，企业的跨界发展使许多行业被重新定义，个体的业绩很有可能被颠覆。在这种情形下，企业必须着手建立一个以共生主义为基础的组织。

以共生主义为基础的组织，实际上就是一种高效合作的组织形态，它建立在顾客价值创造及跨领域价值网之上。通常来说，以共生主义为基础的组织往往具有以下几个特点。

第一，互为主体关系取代主客体关系。这种组织是一个以开放合作为主要特征的生态系统，其组织成员都是独立的个体，不存在主次之分。组织的单一线性协同模式不复存在，取而代之的是跨组织的多维协同模式。如此，便可实现与周围环境的良好互动。

第二，合作共赢，互惠互利。这种组织强调通过高效合作实现互相补充，互相激发，从而为彼此创造出组织原有能力无法创造的价值。

第三，灵活机敏，反应迅速。从内部来看，这种组织的管理层级少，权力下放，从而使组织内部具有了极高的灵活性和流动性，组织成员的自主性得到了增强，发展空间得到了扩展。从外部来看，这种组织强大的连接与互动性，使其能够准确捕捉到市场信息的变化，进而及时做出响应。

第四，协同共进，整体效率高。组织中的个体有各自的独立性和自主性，从而在整体上提升了组织的效率。

企业的发展离不开人才，人才价值的充分发挥则离不开组织。建立以共生主义为基础的组织，有利于充分发挥组织的效能，提高组织的整体效率，从而助力企业从重重包围之中突围而出，获得新的发展生机。

◇ 模式创新，合作共赢

毫无疑问，共生是当下企业发展的逻辑，更是未来企业发展的逻辑。不寻求共生，不建立一个以共生主义为基础的组织，企业就很难在竞争激烈的市场中生存下来。

海尔的"人单合一"模式建立了订单与员工个人在产品制造过程和需求之间的共生关系；华为的财富分配计划和权力分享计划，展现了新的个体与组织共生模式的强大竞争力；农业领域中，温氏食品集团股份有限公司创造了公司＋农户的共生模式，在养殖领域走出了一条创新之路；云南白药集团股份有限公司的混改，提供了一种民企与国企的共生模式，增强了其寻求市场化的竞争力。

尽管形式不尽相同，但是以共生主义为基础的组织的本质却是相同的。这种组织的建立可以帮助企业以包容、开放的心态拥抱时代，以合作的方式实现与时代的共同进步。

那么，企业该怎样建立一个以共生主义为基础的组织，提升组织的合作力呢？

首先，突破员工边界，大胆进行人才调整。表面上看，每个企业都有自己的员工。实际上，在移动互联网技术迅猛发展的今天，企业早已无法真正拥有员工。可以说，企业与员工不是主动与被动的关系，而是互为主体。因此，企业要改变以往的观念，打开员工边界，在充分发挥企业内员工价值的基础上，寻找到更多优秀的人才，并与之进行合作。拥有员工不是最重要的，重要的是得到最大的价值，促进企业的发展。

其次，聚焦慢思维，创造独一无二的价值。在变化日新月异的今天，企业要懂得慢下来，创造独一无二的价值。如果企业一味追求速度，就很难创造出不可替代的价值。如此，就会总是面临被取代和淘汰的威胁。因此，企业必须专注创造独一无二的价值，走一条无可替代的路。

再次，增强共生意识。人与自然界从来都不是主宰与被主宰的关系。自然界为人类提供生存环境，人类则需要保护生态环境。彼此都得到好的发展，这就是共生。企业在市场竞争中，首先要做到的就是加强自我管理，确保每一项商业活动都是合法、合情、合理。而后，企业要不断增加利他行为，避免或减少损害其他企业利益的行为、活动。与此同时，摒弃输与赢的竞争思维，追求共同生长。

市场规则千变万化，不变的是用户永远存在。然而，用户也处在永动的状态之中，其需求、喜好等总是会发生变化。因此，企业必须强化用户意识，紧跟用户的成长与变化，进而寻找到共生的机会。

最后，在共生逻辑的指导下进行"弱"领导。企业管理者的领导力要转向牵引、协同与赋能，而不是高高在上，颐指气使，指挥员工。以"弱"领导，充分给予每位员工成长和发展的机会，帮助他们取得成就，从而构建出巨大的价值网络。

此外，以共生主义为基础的组织的建立离不开卓越的领导者。一个敢于承诺并承担责任、对未来有着清晰认识的领导者是至关重要的。否则，这种组织的建立就如同无根之木、无源之水，注定无法实现。

需要注意的是，建立以共生主义为基础的组织并非百利而无一害。共生不可避免地会导致一些冲突和分歧，但是，在更大程度上，共生强调了共生组织之间的理解、信任与尊重，从而可以促进彼此实现更优越的进化与循环。

人类未来的发展离不开命运共同体的建设，企业未来的发展同样需要建立组织的命运共同体，以不断提升企业的合作力。当企业能够真正领悟到共生逻辑的精髓，以共生逻辑来指导组织和企业的发展时，企业便可以迸发出强大的力量，在合作共生中实现从被包围到反包围的转变。

第六章
突围之舵，格局要比技巧更重要

在企业成功的同时，其领导者往往会成为时代的榜样，如微软与比尔·盖茨、苹果与乔布斯、恒大与许家印、万科与王石、阿里巴巴与马云、亚马逊与杰夫·贝佐斯……企业若是一艘船，那么领导人的管理便如同掌舵一般决定着航向。

领导者管理着企业，领导者的格局则决定着企业的结局。大格局往往与时代的趋势、发展的必然高度吻合，意味着长久地立足市场；小格局则往往只是某个时间段的"风口"，风停那一天则会摔得很惨。

市场竞争越来越残酷，能不能把握时代趋势、紧跟发展走向关系着企业的生死存亡。因此，领导者的格局是企业突围之舵，决定着企业突围的方向与最终结局。

重塑管理，重建领导力

在"大量营销"时代，中国企业凭借多渠道的推广和薄利多销打开了国际市场，成为制造大国。那时的管理逻辑便是提高产量、降低成本，但随着经济的不断发展，这一管理逻辑遇到了巨大的挑战。

新时代要求新管理，而重塑管理的关键之一在重建领导力。作为企业的"指挥官"，领导者的管理关乎企业生死，领导者的格局关系着企业能走多远。面对错综复杂的经济局势，重建领导力是企业突围的关键一步。

✧ 多维度挑战，管理新内涵

伴随着经济环境的深度变化，根植于过去 40 年的传统管理理论正在失效，探究管理新内涵成为每一个企业绕不过去的新课题。面对强敌环伺的现在和迷雾笼罩的未来，企业必须拿出破釜沉舟的勇气做出改变，从红海中突围。

这是一个信息时代，繁多的信息构成了一张复杂的网络，企业遇到的问题也不再是单维度的，而是多维度的，调整也更加艰巨。这是一个多元时代，消费者有了更高层次的需求，这要求企业创造多元的价值。为此，企业必须重塑管理，重建领导力。

管理关系着企业的发展方向、运作效率、工作效率，是企业发展最为关键的一环。管理的好坏直接反映在企业的经营效益上，管理一塌糊涂的企业必然无法取得很好的效益，而管理井井有条的企业效益必然差不了。但需要注意的是，随着市场的不断发展，管理的内涵也在不断优化升级，管理者也需要不断精进管理能力。

在这个时代下，"计划、组织、领导、控制"的传统概念已经无法囊括今天的管理，它有了新的内涵。基于职能角度诠释管理已经与这个时代格格不入了，管理需要基于未来发展。但是，未来是不确定的，为此，企业需要具备适应变革的管理机制，以应对各种各样的挑战。

另外，在科技的加持下，人们获取知识的途径越来越多，成本越来越低。这一现状意味着，那些依靠知识垄断发展起来的企业已经丧失了优势，因为竞争对手很快便会掌握相同的知识。故而，为了保持竞争优势，企业必须对知识进行管理，综合协调各方资源，将知识运用做到最大化。

传统市场下的管理思维已经不合时宜了，流连于过去管理经验的管理者也终将被时代淘汰。在不断变化的市场环境下，管理需要不断革新，让领导力得到充分发挥，让企业从激烈的竞争中突围。

◇ 管理的艺术，领导的能力

中国经济经历了高速增长时期，随着发展的逐步稳定，各个市场逐渐沉淀，行业格局初见端倪。不管是借势改革红利，还是极具眼光地搭乘信息技术的早班车，一些企业迅速做强、做大，成为市场领军者。

对于市场后入者来说，创业环境已经迥然不同，行业固有者的强力围剿让其发展步步维艰。因此，为避开与大企业竞争，很多创业者选择在新型领域创业，如 VR、无人机等。在大批创业者中，有一个人显得格外"另类"，因为他直扑互联网资讯，与腾讯、百度、新浪、搜狐等抢夺用户，众多互联网企业尚未反应过来，企业已经悄然崛起。这个人便是张一鸣，这个产品便是字节跳动旗下的今日头条。

移动互联网创业一代比一代残酷，互联网资讯市场更是龙争虎斗，各大企业不遗余力地抢占市场份额和用户，彼此之间的竞争逐渐形成僵局。而作为一款 2012 年才诞生的线上产品，今日头条凭什么可以打破资讯市场的僵局，在微信公众号、百度新闻、新浪微博等资讯巨头的围剿中突围，并成长为今天的"巨兽"呢？

今日头条是一款基于数据挖掘技术的个性化推荐引擎产品，它不是传统意义上的新闻客户端，没有采编人员，不生产内容，运转核心是一套由代码搭建而成的算法。它为用户推荐有价值的、个性化的信息，提供连接人与信息的新型服务，是国内移动互联网领域成长最快的产品之一。

算法和个性化推荐是今日头条的一大创新，这让它从诞生之初就在用户的青睐下横冲直撞，硬是在巨头的夹击中杀出了一条血路。今日头条的创新固然为其成长增添了助力，但是，除了硬件技术的优势外，张一鸣本人管理的艺术和领导的能力也是今日头条能够突围困局，以黑马之姿占据市场的关键点。

与马云、李彦宏等前辈们相比，张一鸣似乎过于普通。他没有丰富的阅历，也不懂演讲，甚至普通话还不够流利。他是一个只知埋头写代码的程序员，却在短时间内突围并创造了属于自己的流量帝国。2019 年 3 月，张一鸣以高达 162 亿美元的财富值跻身福布斯 2019 年全球亿万富豪榜，赫然位列中国大陆"80 后"白手起家的富豪第一名。

强企环伺，管理何以突围，或许我们可以从张一鸣的身上找到答案。

对自己有一个清醒的认识，这让张一鸣在管理上能够保持理性。正如在接受采访时他所说的："我不算适合掌兵，但看方向比管事情重要。我不擅长把事情推向极致，比如把公司推向运营效率最高，或者 push（推）到边界。但对公司来说，更重要的是对重要事情的开拓和判断。"

在创业初期，为了扩大团队，吸引人才，张一鸣像一名销售一样四处推销公司，甚至在雾霾天站在候选人公司或者家的楼下，只为给看重的人才留下可信赖的印象。在人才选聘上，张一鸣更是有着自己的一套标准。他不盲目看重业务能力本身，而是更青睐那些有好奇心，愿意主动学习新事物、新知识和新技能的人；更青睐对不确定性甚至危机保持乐观的人；更青睐不甘于平庸的人；更青睐不傲娇、谦虚自省的人。

另外，对于公司的人才，张一鸣在薪酬上十分大方。他主动要求人事部门每年都要对员工薪酬进行调整，保持薪酬在行业内领先。但他的这一做法并不是盲目进行的，如果人力成本过高，他就会要求公司对人才进行合理配置，以发挥出最大的作用。

在团队管理上，张一鸣在实践中不断进行完善、总结。首先，各项规定必须简单，而且各部门不许随便出规定；其次，组织结构十分灵活，可根据业务需要随时进行调整；再次，弱化层级关系，在公司各员工可平等地畅所欲言；最后，鼓励坦诚沟通，构建一个良好的内部协作系统。

张一鸣表示，未来今日头条的管理将会不断重塑，从人才理念上看，要有思考、有观察、有创新、有好的作风和原则。在管理理念方面也将会不拘一格，不断适应创新型企业的特点。此外，对内部的 IT 系统也会不断升级，使其能够支撑现代企业的发展节奏和模式。

2019 年 1 月，根据相关报道，2018 年字节跳动实现营收约 500 亿元。经历短短几年的发展，腾讯、百度等强劲对手的包围没有让其淹没于创业大军中，反而成为资讯市场的领军者，这与张一鸣管理的艺术息息相关。

张一鸣对企业的管理之道展现出他独有的领导力，同时也为一些在商海中奋力挣扎的企业给予了启示。对于那些被围困的企业而言，要想突破包围圈，除了创新硬件优势外，还需要重塑管理，塑造格局，以具有魄力的领导力对企业从内部进行淬炼，领导企业创建突围之舵，以管理之力突围，冲进新"海域"。

◇ 重建领导力，成为卓越者

面对行业领导者，乃至整个行业的包围，企业若想打破既定的竞争格局，突围强势竞争对手，必须重建领导力。领导力是一种魅力，它让企业管理者成为员工与组织所信赖的影响者。

一般来说，领导力可分为四个阶段，即管理自己、管理团队、组织发展、文化发展。领导者要从内部和外部两个维度上依次进行优化，重塑管理，提高领导力。从内容上来说，领导力的重建包括三种能力，即授权能力、激励能力和培训能力。

很多企业领导者对授权有一种误区，认为职责上已经明确的权力无须授权。殊不知，不授权正是因为企业没有真正理解授权是什么。权与责是对应的，有权必有责，授权的前提是有责任需要下属去承担。有权无责，权力会泛滥；有责无权，任务不能得到有效完成。重建领导力需要增强授权的能力，把握好权与责的界定。

企业的价值是员工创造的，员工是被雇佣的，不是企业的所有者，因此激励员工用自己的能力为公司创造价值的重要性就不言而喻了。那么，如何激励员工才能收到效果呢？首先，领导者要清楚所采取的措施对被激励者是否重要，如果是无关紧要的措施，那么不管多么努力实施也无法取得成效。其次，激励本身是否清晰可见，如果激励是模糊的，被激励者无法深刻感受到，那么激励措施便是失败的。最后，激励是否公平、合理，"不患寡而患不均"，公平的激励能让员工更加斗志昂扬。

市场格局在变化，技术与知识在更新，人也需要不断地提升，为此，卓越的培训能力也是提升领导力必不可少的内容。对员工进行培训，一方面能够让员工迅速成长从而产生工作绩效，另一方面可以解放领导者，让其有时间去更多地关注企业发展战略与方向上的事。

纵观世界企业发展史可以发现，领导者对企业的管理是企业能够取得市场竞争胜利的关键。因此，面对纷繁复杂的市场环境，企业要想突围，必须对经济变化迅速做出反应，而重塑管理与重建领导力是核心。

领导深度决定企业高度

商海无边，竞争日趋激烈，突围变得越来越难。面对相同的市场环境，大多数企业有着相似的经营模式、类似的员工，但是结局却各不相同。这是因为，领导者不同意味着不同的发展方向、不同的结局。

雄鹰能够自由地翱翔于天地间是因为心中尽是山河天地，小鸟只能流连于树梢是因为只盯着树皮里的虫子。能飞多高取决于格局有多大，而一个企业能走多远则取决于领导者的深度。领导者的深度决定着企业的发展，要想在市场突围，一个有格局、有深度的领导者对企业来说是必不可少的。

✧ 谋大事者，首重格局

格局是指一个人的眼界、胸怀、胆略等心理要素的内在布局。对个人来说，格局决定着一个人的人生走向；对企业来说，领导者的格局则决定着企业的未来。商海沉浮，企业在发展过程中难免会遇到各种各样的阻碍与磨难，而有着大格局的领导者往往可以带领企业走出困境，成功突围。

在很多人看来，令人信服的领导者应该实力超群，以过硬的个人能力征服团队。但是，管理是一项综合工作，企业经营是一项庞杂的事业，不是单纯地做好产品或服务就可以，而领导者更重要的是协调全局工作，而不是专注于某一点。例如，马云一开始是一个英语老师，他不懂计算机，也没做过销售，但是却可以创造今天的阿里巴巴帝国。

一个领导者是否成功关键在于眼光、胸怀。开放的眼光才能看得更远，看得远方能走得远；宽广的胸怀才能容纳更多的人才，有了更多的人才才有往前走的实力。今天，商业环境越来越复杂，困难越来越多，领导者要想谋大事，从商海突围，塑造大格局是极为关键的一环。

《财富》杂志的主编吉夫·科文曾说："企业家的格局决定企业的结局，企业家的高度决定企业的高度、远度。"从领导力方面来说，格局就是指领导者的眼光和胸怀。一方面，要求领导者对行业市场的发展、公司未来规划有客观准确的认识，能统筹全局，有精准的眼光；另一方面，要求领导者具有宽阔的胸怀，容得了不如意，忍得了艰辛，不在细微处的得失上斤斤计较，这才是优秀的领导者应具备的胸怀。

有什么样的格局，就有什么样的高度和命运。格局的大小是由领导者的眼光和胸怀决定的。眼光差、胸怀小的领导者会给公司发展带来重重阻力，导致企业走下坡路；而眼光好却没有宽广胸怀的老板也不能带领企业做大做强。如果一个老板性格温和且有宽广的胸怀，但却不具备战略眼光，就只能成为员工心中的"老好人"，不会有太大的作为。真正卓越的企业家具有精准的眼光和宽广的胸怀，在他们的领导下，企业才能成功突围并发展壮大，成为行业中的领头羊。

✧ 瞄准趋势，运筹帷幄

企业的发展往往受领导者格局的局限，小格局的领导者必然无法将企业经营成行业领先者。可以说，部门业绩的高低 90% 取决于部门经理是否有能力，企业经营的好坏重点在于领导者是否有大格局。谋大事者必要布大局，领导者要首先从大视角切入，掌控大格局，谋求新的发展。

领导者拥有大格局，企业才能有精准定位。1997 年，苹果公司濒临破产，危难之际乔布斯重返苹果，带领苹果扭亏为盈，起死回生。乔布斯的做法在当时可谓大刀阔斧，魄力十足。

乔布斯的行动是基于对局势的把握，他说："如果苹果公司要生存下去的话，我们就一定要砍掉更多的项目，我们要有焦点，做我们擅长的事情。"为此，他取消了数百个项目，只保留两种笔记本电脑和两种台式电脑。在当时看来，这样的行动是充满风险的，但乔布斯十分清醒：这个世界不需要另一家戴尔公司或者康柏公司，苹果是为人制造电脑。

事实证明，乔布斯的眼光是何其精准，苹果传奇般地复苏了。乔布斯的格局拯救了苹果，让这家公司从竞争对手的包围中突围而出，并成为伟大的公司。同样，凭借大格局，史玉柱也是创造了一个个奇迹。

20 世纪 80 年代，中国的计算机发展还十分落后，电脑软件技术更是十分滞后。硕士毕业的史玉柱本来在合肥统计局工作，改革开放的浪潮感染了他，他只想去"下海"，而他看准的市场需求便是电脑文字处理软件。之后计算机迅速火爆，他所研发的程序得到了市场的认可。

可以说，对市场发展趋势的精准把握让史玉柱获得了第一桶金。之后转战保健品市场时，中国保健品市场正在趋于理性，企业的日子变得越来越难，但就是在这样的形势下，史玉柱打造了"爆款"产品"脑白金"，这同样与他的格局分不开。

保健品要想拓展市场，广告必不可少。很多企业开始在广告上讲唯美、创意，但史玉柱并不认同，他明确广告就是为了卖货。因此，即使连续数年被评为"十差广告"，史玉柱还是沿用了"今年过节不收礼，收礼只收脑白金"的广告词。

先广告，后铺货。经历一年多的广告"轰炸"，脑白金开始在全国市场铺开，尤其是乡镇市场。随着乡镇居民收入的增加，他们对保健品也有了需求，而他们最熟知的保健品便是脑白金。在乡镇市场，脑白金大获全胜。

脑白金在保健品市场的成功突围，离不开史玉柱对局势的预判。乔布斯的大格局让苹果转危为安，史玉柱的大格局让"脑白金"如日中天。领导者的格局让企业精准踏上了时代发展的节拍，有了一个繁花似锦的未来。

✧ 重塑格局，商海突围

格局是一种境界，有什么样的格局，人生就会有什么样的高度。为此，领导者要想重塑格局，需要从如下三个方面入手。

一是对眼光的修炼。

充满求知欲的大脑是眼光修炼的基础。企业领导者只有不断学习，才能了解行业的发展现状，从而根据市场趋势调整企业的发展方向，跟上市场发展的潮流。为了不被市场淘汰，领导者必须处于"整装待发"的状态，根据行情采取更有利的计划。

精准的眼光需要有准确的市场分析做后盾。没有对行业和市场发展规律的把握，就不可能做出符合实际的公司发展计划，从而出现产品跟不上市场潮流，不符合消费者心理，产量过多或过少等一系列不良状况，影响公司的发展。

多与行业中的佼佼者接触，虚心地向他们请教与咨询。他们对行业的透彻研究会使你受益匪浅，不仅使你的眼光更精准，提高你对格局的把握能力，而且有利于你正确地规划公司未来的发展道路。

二是对胸怀的修炼。

人生不可能事事顺心如意。作为领导者，要容得了不公，受得了委屈。当感到委屈时，要学会把对抗、指责等消极情绪转化为积极情绪。忍得了委屈，方能成就大视野。胸怀是委屈撑大的，伟大也是这样熬出来的。

胸怀的修炼，需要意志力提供不竭的动力，同时利用正能量不断巩固。强大的意志力和正能量能影响我们的心态，胸怀的修炼考验的也是心态。在意志力和正能量的共同作用下，胸怀的修炼会达到新的境界。

与有广阔胸怀的人多接触，他们的经历、他们的感悟和建议，都会对你产生积极的影响。你周围的人决定了你成为什么样的人，与胸怀宽广的人在一起，你也会被链接到他们的正能量中，从而对你产生潜移默化的影响。

三是对自我的反省。

企业领导者要想塑造大格局，还要学会不断自我反省。反省其实是一个学习、修身的过程。创业的过程是一个不断摸索，不断调整自我的过程，企业领导者在这个过程中难免会犯错，而对自我的反省可以让领导者充分内视自己，发现自身的错误，从而不断改正自我，提高能力，挖掘潜力和自我的成长价值。

领导者的自我反省需要来自内心深处，以正向为原则反复进行。在反省与改正的过程中，企业领导者的内心会不断得到充足，领导者的思想也会得到升华，在这个过程中，其领导格局也会变得更高、更大。

如果把经营企业当作一盘棋，那么企业的结局是由这盘棋的格局决定的。领导者是执棋之人，他的眼光与格局直接关系着整个棋局的走势。每一个棋子的落下都有可能影响整个棋局，同样，市场经济中的企业是紧密相连的，任何风波都有可能给企业带来危机。为此，领导者的格局直接关系着企业能否成功突围。

管理深度决定竞争强度

军队管理需要铁的纪律来推动，方能提升军队整体素质，增强军队战斗力。经营企业亦是如此。企业需要实行强而有力的管理，方能激发整个团队的士气与斗志，提升整个团队的竞争能力。

在这个意义上，企业的管理深度决定了团队的竞争强度。强大而有深度的管理，能够使团队上下一心、作战勇猛、战无不胜，在商海之战中取得"虎啸震山岗，狮吼百兽惊"的效果。

◇ 深入管理，提升竞争力

军事家拿破仑曾说："一头狮子带领的一群羊，可以打败一只羊带领的一群狮子。"这句话强调了将领的重要性。将领制订作战计划，调配各种资源，其能力高低很大程度上决定着战役的胜败。倘若将领软弱无能，即便手下士兵再精明强干，就像一只羊领着一群狮子，打起仗来终将因不得要领而以失败告终。

对作战队伍来说，将领的指挥能力是十分重要的；于企业经营而言，领导者的管理能力亦举足轻重。指挥能力超强的将领能够带领军队冲锋陷阵、反败为胜；拥有强大管理能力的领导者则能够带领团队逢凶化吉，使企业获得长远发展。

领导者的管理能力决定了企业的管理深度，而企业管理深度关系着企业战略的执行情况，影响着企业发展的前景，同时也是提升企业竞争力的关键要素。在竞争激烈的大环境中，提升企业的管理深度，对企业进行深入管理，是增强企业竞争能力与发展能力的关键基础。

海尔、万达、华为、阿里巴巴等知名企业，在家电、地产、互联网等各自的领域里发展得风生水起，令一般企业难以望其项背。它们的管理模式与管理法则被大众一再提起，为多数企业管理专家所称道，为众多企业学习借鉴，可见有效的、深入的企业管理于企业经营发展的重要性。

企业的管理关系着企业的经营状况，影响着企业的兴衰。如果不进行深入的企业管理，而任凭企业自由发展变化，那么企业不可能自动产生效益、自行向好发展，而只会走向灭亡。

商场如战场，优秀的企业必然善于进行深入管理，激发员工独立担当的能力与信心，使之团结凝聚在一起，为企业发展冲锋陷阵，助力企业获得持续的竞争优势。

✧ 深化管理，释放竞争力

随着国民经济的提升及旅游业的快速发展，国内的经济型酒店数量成倍增长，以锦江之星、如家、汉庭等为代表的品牌呈现井喷式发展。然而，随着国民收入水平的同步增长，中产阶层比重提升，消费升级论浮出水面，消费人群和品牌争相向着高端转移，这一系列因素推动中端酒店需求增长，中端酒店成为市场新的投资热点。经济型酒店行业发展逐渐趋于平缓，其热度也在衰退。

当下，国内酒店行业巨头环伺，经济型酒店市场趋于饱和，热度消退。而就在这片似乎已经毫无增长空间的红海里，闯出了一只新的"独角兽"，经济型连锁酒店品牌OYO酒店悄悄在中国市场掀起了巨浪。

OYO酒店以一路狂奔之势，在巨头夹缝中突围，覆盖了从二线城市到六线城市的酒店市场。只用了一年多的时间，OYO酒店业务就拓展到了中国300多个城市，成功跻身中国前五大酒店品牌，增量迅猛，业界称奇。

OYO酒店是印度经济连锁酒店品牌，于2017年11月进入中国市场，在深圳开出了首家门店。在资本寒冬的背景下，它拿到了光速、红杉等国际顶级资本的6亿美元投资，取得了"中国酒店业史上单次融资规模最大的私募融资"成绩。

截至2019年5月底，OYO酒店在全国拥有超1万家酒店、50万间客房，已成为国内最大的单品牌酒店之一。

OYO酒店在行业红海及资本寒冬中的逆势突围，可以成为很多企业的学习案例。深究其生存逻辑，除了存量市场里的商业模式创新之外，OYO酒店新经济模式下的团队管理是其获得成功的重要武器。

中国的实体经济已经进入盘活存量时代，酒店行业也从早期追逐增量市场，进入到深挖存量市场价值空间的新阶段。但在这一阶段，单体酒店却面临着生存压力，这些存量单体酒店破局的重要办法，就是实行连锁化。而OYO酒店要做的就是以精细化、品牌化、标准化的管理方式对中国过百万单体酒店进行连锁化改造。

OYO酒店认为，下沉市场的消费能力正在快速释放。但是下沉市场中的单体酒店为消费者提供的服务与消费者对酒店不断升级的需求产生脱轨。OYO酒店以敏锐的判断力，准确捕捉到这一供求失衡市场中存在的商机。OYO酒店快速拓展下沉市场覆盖面，通过深耕单体酒店，成为经济型酒店市场中的一匹黑马。

传统的经济连锁酒店通常采用自营、加盟模式，OYO 酒店则打破了这一行业模式，选择了以改造存量市场作为切入点。通过特许经营及委托管理的模式，OYO 酒店快速掌握了低线城市的小规模单体酒店，并对它们进行统一经营管理，从而抓住了国内的经济酒店存量市场。改变行业规则，就意味着 OYO 酒店需要比传统酒店运营更精细，管理更深入。

针对传统酒店由于集权式管理而导致的决策周期慢等问题，OYO 酒店对企业的管理模式、执行环节等进行了优化，加快了决策速度。同时，建立合理的员工选拔晋升机制，并对员工进行公正的绩效评价，既保证为优秀人才提供发展空间、减少员工流失，又推动其为企业发展增添助力。

OYO 酒店还对中层管理人员进行充分的授权，实行权力下放，在调动管理人员积极性、主动性的同时，为企业节约了大量的人员管理成本，发挥了企业职能部门应有的作用。另外，OYO 酒店建立了崇尚学习的企业文化，为员工搭建学习平台，使其能够在平台上自由、充分地交流共享，提高员工的学习力与创造力，保证员工更有效率地完成工作任务。

通过对下沉市场单体酒店一系列的深化管理，再加上商业模式的创新，OYO 酒店充分释放出竞争力，一路高歌猛进，不断扩张。其在中国酒店行业的夹缝中快速发展，跃出行业巨头的重重包围，跑出了业界称道的"OYO 速度"。

◇ 深度管理，增强战斗力

没有规矩不成方圆。高效的企业管理能够协调一切内外因素，保障企业经营活动正常进行。因此，企业的管理深度决定了团队的整体素质，决定了企业的竞争强度。管理越深入，团队效率就越高，竞争强度就越大，就能够使企业凝聚起全员力量，全力以赴、众志成城，从而在商海之战中披荆斩棘、傲视群雄。

那么，如何提升企业的管理深度呢？

第一步，严格进行成本管控。

企业要想在商业竞争中发挥优势，争取到更多的用户群体，必然要建立价格优势，而企业产品与服务的价格取决于成本管控。因此，企业提升管理深度的第一步就是严格进行成本管控。

要将专业管控与全员管控相结合。专业管控是各部门的专业人员对成本实施的管控，它能够对产品形成过程实施连续、系统的控制。全员管控是全体员工对成本实施的管控，它能够对具体环节实施及时、具体的控制。这两者相结合能够形成纵横交织的成本管控网络。

要将单项管控与综合管控相结合。企业要对每个成本项目进行管控，只有实现了单项成本目标，方能实现企业整体成本目标。同时，还要实施综合管控，全面系统地探究各种因素对成本水平的影响。

要将日常管控与定期管控相结合。日常管控具有及时性、针对性，其时效性较强；定期管控具备全面性与系统性，其综合性较强。日常管控是基础，定期管控则是在日常管控基础上的深化。

第二步，深化组织沟通。

组织沟通是企业提升管理深度、实现经营目标的关键因素。企业是一种经济组织，其目标的实现程度与组织沟通效果有很大的关系。有效的组织沟通有利于信息的流动与共享，能够增强企业决策的科学性与合理性，助力企业提升管理深度，从而更容易达成企业的经营目标。

要定期组织聚会或短程旅游，促进同事之间的亲密感与协作性。这种方式能够发挥非正式沟通的优势，促进员工之间及员工与领导之间的思想交流、建立感情。

要培养员工在沟通时善于倾听的习惯。普遍认为，倾诉在沟通中更为重要。其实，倾听才是沟通过程的核心，它能够激发对方的谈话欲，促进沟通更加深入。善于倾听，便能够深入体察对方心理及其思维逻辑，从而更好地交流，达到沟通的目的。

第三步，实行信息化管理。

企业的信息化是指将企业的生产过程、事务处理、客户交互等过程全部数字化，形成动态的企业信息管理系统，促进企业资源合理配置、优化战略决策。

对企业实行信息化管理，重点是信息集成。要建立数据平台并深度挖掘数据，通过信息管理系统把企业的设计、生产、制造、营销、经营等所有环节集成到一起，实现信息与资源的共享。同时，还可以利用大数据来寻找潜在客户，为企业决策系统提供支撑，提高企业风险防范能力与快速应变能力，从而增强企业竞争力。

总而言之，强企必先强人，强人要先强管理。唯有强大、有深度的管理方能创建优秀的团队，唯有优秀的团队方能创造出优秀的业绩。因此，企业要开拓管理的视野，提升管理深度，增强企业的竞争强度，使自身在遭遇危机时能够爆发出超强的战斗力，从而突出重围，逆势取胜。

高效管理始于严以律己

在新的商业背景下，前有各类行业巨头，后有新生的独角兽，对企业而言，新的竞争时代已然来临。此时，企业领导者更加需要提升自身素质，本着对企业高度负责的态度来严以律己、身先士卒，大事讲原则、小事讲风格，实行高效能的系统管理，方能使企业从强敌环伺的竞争环境中突出重围，逆势告捷。

◇ 严以律己，率先垂范

严以律己是一种宝贵的品格，一种崇高的境界，也是企业领导者必备的思想风格与道德品质。常怀律己之心，既有利于领导者培养健康的道德情操，又能促进其对企业各项事务高度负责，从而提升企业管理效率，打造战斗力超强的精英团队。

一方面，所谓"欲正人先正己"，领导者严以律己，能够起到榜样作用，以自身良好的言行来影响员工。榜样的力量是无穷大的，领导者时时处处以身作则、率先垂范，就能够形成从上至下"一级带着一级干"的良好局面，并促使员工向榜样学习，以较高的标准来要求自己，遇到困境时迎难而上、绝不逃避，从而在普通的岗位上做出不凡的业绩。

另一方面，领导者严以律己，能够带好团队，提高员工的素质。领导者身先士卒、以身作则，往往能够严格要求自己，同时秉着负责任的态度来严格要求员工。如此，员工能够认真对待手头的各项工作，并不断钻研、磨砺，从而不断提升业务能力与专业素质。

因此，领导者要想管理好员工，让员工认真负责、听从指挥、服从管理，就需要从自己做起，以身作则、严以律己。市场中各行业都存在领军企业，它们之所以能够取得斐然的成绩，不只是因为技术、服务等方面的创新优势，还因为其领导者严以律己的品质。

创立了联想的柳传志，就以自律在行业内享有盛名，这一点从他的守时行为上可以窥见一斑。有一次，温州商界请他前往"交流"。不巧的是，温州当时遭遇了暴雨，飞机迫降在上海，随行工作人员提议第二天早上再乘飞机前往温州，柳传志却没有同意，他担心第二天飞机再被延误就不能准时参会。因此，他命人驱车，连夜赶路，终于在次日早上六点赶到了温州。

万达董事长王健林也一直坚持"我要求员工做到的，自己必然首先做到"。他敬业勤奋，每天早上七点多到公司，来得早走得晚；他廉洁自律，从不干涉公司的招投标事宜；他公平公正，对待员工不论亲疏，只看能力。万达能够成为商业地产的领头羊，成为众多企业学习借鉴的对象，其领导者的严以律己发挥了十分重要的作用。

带领海尔缔造传奇的张瑞敏，在长期的工作中始终严格要求自己，在自律的道路上脚踏实地地走着每一步。他一直以来都严以律己，多年保持着自律习惯。张瑞敏每天在公司工作的时间超过 12 个小时，无特殊原因，从不提前离开。他经常选择周四出差，充分利用双休日办事，周一准时回公司上班。

张瑞敏严以律己的品质逐渐感染了海尔的每一位员工，带动了海尔自律文化的建立，创建了"日事日毕、日清日高"的 OEC 管理模式。

严以律己是对自我的一种约束，也是对他人的一种激励。当一个企业的领导者能做到严以律己，敢于要求员工"向我看齐"时，这个企业就会形成超然的凝聚力，拥有在商海里破浪前行的动力。

✧ 自律自省，高效管理

企业的发展有赖于高效能的管理，高效能的管理离不开高素质的领导者。当企业领导者做到自律自省、以身作则时，便能够形成强大的感染力与影响力，进而营造出积极热情的工作氛围，激励员工高效地完成工作任务。

在互联网行业有这样一个传奇人物，与他相处过的同事都赞他敬业认真，充满干劲；他管理过的企业，业绩都突飞猛进。他就是陆奇。在陆奇入职百度之前，百度迎来了上市以来的最差业绩：净利润 41 亿元，同比下降 83.3%。而在陆奇执掌百度之后，短短一年多时间里，百度就实现了净利润增长 57%，市值增长 65%。

陆奇令百度"起死回生"的超强管理能力为业界人士所惊叹。而在这能力的背后，离不开他对五项原则的始终坚持，而他本人也被业界称为"流动的原则"。

原则一：从自己做起。陆奇奉行"要求别人做的事，我一定首先做到"的做事原则。陆奇曾要求公司开"日站会"，即每天早上的例会，所有人都站着开会，时间是 15 分钟。第一天开日站会时，正式开会时间还没到，所有人都坐着，只有陆奇一个人坚持原则，站着等。在那之后，即便提前到场，大家也都形成习惯，不再坐着等了。

原则二：高度自律。陆奇有着严格的作息与生活习惯。他每天准时起床，先回复前一天的工作邮件，然后开始晨跑。在开始上班前，会做好当天的所有工作计划。晚上下班回家之后，不管有多少事情都会抽出时间来学习一个小时。与陆奇共事多年的同事都承认，陆奇是他们见过的最有干劲的人。

原则三：坚守价值观。陆奇很看重价值观，认为人品比工作精神和专业能力更重要。他一直坚持"对的事情，再难也要去做；而错的事情，即使诱惑再大也不能做"。他担任百度总裁之后，第一件事就是裁撤医疗事业部，并撤销医药类竞价排名，因为他认为这是在做不对的事。而不对的事，即使再赚钱，也坚决不能去做。

原则四：永远正能量。陆奇始终坚持"做人一定要充满正能量"的工作原则，无论在工作中遇到怎样的困难，他始终都保持积极正向的态度。在陆奇身边从来不会听到抱怨，也不会看到他消极的情绪。无论是在公司开会，还是做大会的主持人，或是回邮件，陆奇永远使用简短有力，充满力量和鼓舞人上进的字句。

原则五：坚持每天学习。陆奇有一句名言："人生不是线性的，不要以为一班车就能把你从现在的位置带到你自己所期望的位置。"所以，他每天都坚持学习英语，坚持阅读最前沿的论文，以便能够快速获取先进的信息与观点，从而对自身工作做出调整。

任何人的归宿都是他自己，一个人具有怎样的原则，就会成就什么样的人生，原则的高度，决定人生的高度。我们可以看到，陆奇所坚守的原则无一不渗透着四个字：自律自省。陆奇的自律自省，成就了他的人生高度。也正是因为自律自省，陆奇塑造了自己独特的行事风格，打造了独特的"陆奇式管理"，让每一个与他共事的人都心甘情愿地服从管理、自愿跟随，才成就了他执掌过的每一个企业。

对于那些想要在行业中实现突围、绽放异彩的企业而言，企业管理者需要塑造自律自省的品质，管理者的严以律己是对企业团队前进的激励。

企业管理者通过自律可以实现高效管理，在企业内部形成高度的凝聚力，带领企业突出重围，实现飞跃。

✧ 以身作则，上行下效

孔子曾说："其身正，不令而行；其身不正，虽令不从。"这句话放在企业经营上，也同样适用。当领导者严以律己、以身作则时，即使不下命令，员工也会自发地跟着行动。相反，倘若领导者自己做不到遵守各项规章制度，却要求员工必须做到，那么即便三令五申，员工们也只是敢怒不敢言，而不会在心里真正地服从。

因此，领导者的自我完善、自我约束与以身作则，不仅能够发挥模范带头作用，而且是企业高效管理的基础。只有领导者从自我管理开始做起，严以律己、以身作则，企业的管理方能真正地深入实施、真正地发挥效用，从而呈现出高效管理的良好局面。

然而，要真正做到严以律己、以身作则，却并不那么容易。商业环境纷繁复杂，领导者面临的考验与诱惑也多种多样，在这种环境中要做到严以律己，就必须拥有强大的毅力与自制力，慎独慎微，常怀律己之心，方能严守底线，为员工树典立标。

首先，要转变思想，心存敬畏。这个世界上最难战胜的，不是别人，而是自己。领导者要想战胜自己，时时处处做到严以律己，就必须心存敬畏，做到敬畏工作、敬畏员工、敬畏自己。把自己的工作，无论大事小事都看得无比重要，怀着一颗敬畏的心去处理各项事务；对于企业里的员工，也要怀有敬畏之心，给予其足够的尊重和理解，不能随意呼来喝去；对于领导者自己，更要对自己心存敬畏，自觉规范言行，时刻保持领导者应有的形象，为员工树立榜样。

其次，要树立公心。严以律己，公心公权是方法。领导者要树立起

"任企业之大，立心不可不公"的意识，在标准上，要言行一致、表里如一，时刻自律自省，做人光明正大，做事真诚坦率；在工作上，要统一对待，不可厚此薄彼，不能过分看重销售一线、生产一线部门，而忽视后勤部门；在用人上，坚持唯才是举，一切以企业效益为重，把专业人才、优秀人才放到合适岗位，做到人尽其才、人尽其用。

最后，要严守制度。领导者要自觉遵守企业的各项规章制度，增强制度意识，按制度办事，用规章制度来约束并匡正自己的行为。不能自作主张、滥用权力，自己无权决策的事情，不能随意简化程序。尤其是有关财务、审计等重点事项，重要人事调整、重要决策事项等重要工作，更要严格遵守制度规范，遵循正常流程，不能漏掉一个环节。

总而言之，领导者的严以律己较一般员工而言更为不易，其效果也更为显著。唯有领导者以身作则，其管理方能深得人心，方能上行下效，方能打造出高素质的团队，助力企业在"猛兽环伺"的商圈里，冲破重重围堵，拼出一条属于自己的"金光大道"。

第七章
突围之径，无往而不利的管理法

　　企业需要认清一个现实：变化是市场的常态。应对变化，是每一家企业时时刻刻都要解决的问题。既然已身在市场这盘棋局之中，企业就要不断提升自己对弈的能力，在被包围之中突围，在突围之后实现反包围。

　　万变不离其宗。纵然变化不一，包围之势不同，突围却是有路径可依。资源的交换，助力企业之间实现优势互补；品牌效应的形成，帮助企业打造强有力的竞争优势；线上线下一体化，使移动互联网的作用得到充分发挥；密切关注市场动态，企业可以从中捕捉到发展的机遇；通过跨界合作，企业将获得新的发展可能，从而拥有更加广阔的发展空间；通过设计与创新盈利模式，夯实企业的经营基础；通过顶层设计，激发企业的潜在优势；通过创建多维格局，打造多维竞争力。

　　市场变化总是牵动着企业的每一根神经。一不留神，企业便会陷入包围之中。突围不易，企业总是要付出巨大的努力。在不断地被包围、突围与反包围之中，企业也将迎来更好的明天。

第十章

资源交换，搭建生态系统

给你一个支点，你能撬起地球吗？面对这样一个问题，有的企业自信满满，肯定的回答铿锵有力；有的企业则露出淡淡的一笑，以沉默代替否定的回答。

草船借箭的故事告诉我们，十万支箭虽然无法在三天之内造出，却可以通过外力"借来"。同样，无论是大企业还是中小企业，都可以通过对资源的巧妙利用，成功将"地球"撬起。这是市场竞争的法则，亦是企业在"寒冬"中突围的有效策略。

✧ 资源互换，多重赋能

生活中，不穿的衣服和鞋子是闲置资源，空塑料瓶、废旧纸箱是垃圾资源；工作中，良好的口碑是声誉资源，广泛的社交网络是关系资源；社会里，受人们喜爱追捧的演员是明星资源，历史悠久的古建筑是文化资源……资源，无处不在。

对于企业而言，重要的不是想方设法得到最多的资源，而是使已有资源得到充分利用。在信息技术发达的今天，资源很难被独占，资源共享早已成为事实。因此，企业要想充分发挥资源的作用，必须进行有效的资源交换与共享。

显而易见，在某些项目的运作上，比起耗费成本自己购买或者创造资源条件，通过交换和共享方式来获取资源，要更加便捷实惠。企业间进行优势资源交换，一方面可以减少建设和维护资金的投入，节省人力物力；另一方面还能使现有的资源得到充分的利用，提高资源的利用效率。

企业间的资源交换，可以从多个方面进行。

第一，品牌资源的交换。两个不同行业、不同领域的品牌联合共建，交换使用彼此的品牌效应，不仅能提高双方品牌的知名度，产生更大的影响力，还能增强它们在同类产品市场中的竞争力，达到放大各自品牌优势、提升各自品牌价值的目的。

第二，客户资源的交换。企业的发展离不开客户资源，但是像客户资料信息这类无形资源，并不容易获取。如果不同的企业能够建立合作关系，在不侵犯客户的权益和隐私的基础上，交换分享自己拥有的客户资源，必然能够为彼此赢得更大的市场。

第三，技术资源的交换。一种优秀产品的诞生，有时需要多个企业的通力合作。不同的企业可以协同合作、分享交流，将自己的优质技术资源与对方的优质技术资源相结合，共同投入研发，创造出符合市场需求的新产品。这样不仅可以增加不同行业间的技术交流，提高产品研发的成功率，而且能节省时间和费用，减少人力、物力资源的浪费。

第四，渠道资源的交换。产品的营销不能没有渠道。对企业而言，渠道建设是很关键的一环。同行业或者不同行业的企业之间，如果目标客户群体相同，那么它们的渠道其实是可以交换和共享的。不同领域的企业交换使用彼此的渠道，不仅有利于节省渠道建设的成本，而且还能拓宽原有渠道的口径，扩大销售市场，为双方增加销售量，创造共同利益。

此外，不同的企业之间还可以进行信息、场地等资源的交换。企业可以通过资源的交换与共享，用市场上最具有优势的资源来弥补自身的不足，进而在最大程度上促进企业的发展，为交换双方带来更大的收益。

◇ 整合资源，优势互补

优秀的企业不一定拥有最多的资源，却一定善于利用资源。通过对一系列资源的整合，它们能够实现与其他企业的优势互补，最大程度上发挥资源的作用，从而促进彼此的共同发展。这也是企业智慧的一种体现。

杭州大搜车汽车服务有限公司（以下简称"大搜车"）于2012年年底成立。自创立后，大搜车便通过链接、赋能产业链上下游，全力打造汽车交易及流通生态，携手产业各方共同为消费者提供买车、卖车、用车服务。大搜车已经先后获得阿里巴巴、蚂蚁金服、晨兴资本、红杉资本、春华资本等超过12亿美元融资，在短短几年时间里成为国内领先的汽车新零售和新金融平台。

大搜车推出了一系列产品，包括汽车融资租赁产品"弹个车""大风车业务管理系统"等，为汽车经销商的日常经营提供数据分析、营销管理、金融及交易等一站式服务，驱动了中国汽车及二手车行业的创新发展，得到了消费者的一致好评。

大搜车能够发展得如此迅猛，除了得益于对汽车行业深入的调查与分析外，还因为它善于整合资源，积极地与其他企业进行资源置换、优势互补，如与浙江电咖汽车科技有限公司（以下简称"电咖汽车"）的合作。

2018年8月24日，大搜车与电咖汽车正式签约。电咖汽车旗下电动汽车EV10Pro300将在"弹个车"平台上架销售，接入大搜车打造的汽车新零售生态网。大搜车借用了电咖汽车的品牌资源，同时为电咖汽车提供良好的销售平台。双方强强联合，交换使用彼此的优势资源，一起开拓市场，为品牌增值挖掘新的空间，营造出健康的新能源汽车生态环境，实现了联合共赢。

大搜车深谙当前形势下的市场竞争法则，通过整合资源，打破传统商业模式，走出了一条快速发展的捷径，体现了共享、共赢的时代新理念。大搜车成功的经验告诉我们，一个优秀的企业，除了要具备获取资源的能力，还应具备充分利用外部资源的能力。如果行业与行业之间、企业与企业之间能够通力合作，优势互补，用市场上其他类型的优势资源来填补自身的空缺，那么就能够使资源效应叠加，为合作双方创造更大的商业价值。

为什么有的企业没有设备，没有厂房，甚至连自己的员工都没有，却照样能生产出优质的产品，提供优质的服务？原因就在于资源整合。这些企业通过利用外部的厂房、土地、劳动力、技术人员和管理人员等社会资源，实现"脑体分离"，凭着几名组织经营者和几间办公室，就能生产出受欢迎的产品，或是提供让消费者满意的服务。

企业间的资源整合主要有以下三种形式。

第一，纵向整合。两个或者多个处于同一条价值链上的企业联合起来，整合产业价值链，形成利益共同体，从而创造更大价值。

第二，横向整合。两个或者多个处于不同价值链，但位于价值链相同环节的企业互相赋能，资源共享，提高所处环节的价值与效用。

第三，平台式整合。企业将自身作为平台，以此为基础，整合需求方、供应方，还有第三方所提供的资源，通过提供服务使资源提供方成本降低或收益增高，进而为自身赢得利润。

创造资源不易，整合资源却不难；创造资源所需的时间可能会很长，整合资源所需的时间却很短。一个成功企业所拥有的资源，90%都是通过整合得到的。企业通过置换与共享，向外界借力，用已有的资源或者较低的成本换回自身所缺，就能事半功倍地创造更多价值，同时还可以使社会资源发挥最大效益，更多更好地为企业的发展服务。

✧ 挑选伙伴，共建生态

《连线》杂志创始主编凯文·凯利在《失控——全人类的最终命运和结局》中说道："之前机械与生命体之间有严格的区分，但未来会出现融合的趋势，人造物表现得越来越像生命体，生命变得越来越工程化，界限不再明显，系统开始具备生命的特征。"

"生态"一词，早已不是自然界的专属。在生态系统新时代的背景下，企业亟须通过挑选伙伴，进行资源交换，构建资源共享的生态系统。

企业在选择合作伙伴的过程中，要炼就一双"火眼金睛"，挑选出彼此适合，能够互相帮助，又有基本道德素质的合作伙伴。具体来说，企业应注意以下三个方面。

首先，资源交换的双方面向的应是相同或类似的消费群体。例如，运动器材企业和运动服装企业分属不同的领域，但它们拥有类似的目标客户群体。这样的企业，就可以协同合作，共享彼此的客户资源。例如，做蛋糕的企业和做冰激凌的企业，产品类型相似，目标客户群体有较大的重叠，也可以进行合作，互相交换客户资源，进而扩大双方的市场。

其次，资源交换的双方应具有互补性的优势资源。当一家企业刚迈入一个新的专业领域时，可能对那个专业领域的政策法规和客户需求等具体内容都不太熟悉。这时，如果能够同这个专业领域已经发展相对成熟的企业进行分工合作，共同进行市场调查，交换彼此获得的信息资源，进行资源优势互补，那么肯定会对这家企业未来的发展产生很大的帮助和促进作用。但如果选择的是同样对该领域陌生的公司，可能就不会有太大的作用。

最后，企业领导者要目光长远，放眼未来。在资源交换的过程中，可能会出现交换资源的价值不对等的情况，尤其是当交换的资源是一些无形的、难以衡量其价值的资源时。这时就需要企业领导者用长远的目光来看待和解决这个问题。

如果企业间要进行的是长期的战略合作，而且通过合作能够促进企业未来的发展，那么就不必对眼前的细微得失斤斤计较。企业领导者要从弹性的角度看待企业间的资源交换行为，充分利用交换来的资源，加速企业的自身发展，使企业在市场竞争的浪潮中得以稳步前进。

总之，在这样一个全面连接的网格化时代，企业是否拥有资源整合的能力和互助赋能的本领显得越发重要。如今的社会就像一个能量链接网，每个企业都能通过它将自身能量放大，获取所需资源，但所得多少却因人而异。企业要想持续发展，就要拒绝独自作战，争做赋能型企业，积极地与合作伙伴进行资源互换，实现优势互补，这样才能打破狭隘的竞争通道，开拓出更大的市场，携手突围创未来。

品牌效应，打造竞争优势

拥有好的产品，是否就意味着企业可以在市场竞争中鳌头独占？

显而易见，答案是否定的。好的产品是企业立足市场的根本。但是，如果一个企业只有好的产品却没有品牌，无疑是缺乏生命力和延续性的。

2017 年 5 月，国务院批准将每年 5 月 10 日设为"中国品牌日"，品牌上升为国家战略。中国品牌日的设立，体现出国家对品牌建设的高度重视，而品牌打造对于企业而言，也是一种升级之路。

品牌是企业的无形资产，是企业树立形象最有效的工具。一个企业，只有实施品牌战略，才能拥有可供识别的标志、强有力的竞争武器；只有掌握品牌，创造良好的品牌效应，才能从激烈的市场竞争中突围，获得新生。

◇ 树立品牌，获取竞争优势

品牌是指企业的名称、产品或服务等一切有形资源和无形资源的总和，是对企业产品的特征、性能等的概括，是企业区别于竞争对手的独特标志。由品牌的内在含义可以看出，品牌是企业专有的，具有独特性、排他性。

工业化时代，市场占主导地位，产品是核心。互联网时代，消费者占主导地位，购买产品时，无论是线上还是线下，都会面临千万种选择。影响消费者购买决定的关键要素是品牌，众多的消费者会首要选择具有品牌影响力的产品。因此，企业要想在激烈的竞争中突显，在多种多样的选择中让消费者记得住、信得过，就必须树立自己独特的品牌形象，从而在行业领域内占有自己的一席之地。正如世界著名品牌战略研究学者、美国加州大学教授 David Aaker 在《创造强有力的品牌》一书中所说："一个企业的品牌是其竞争优势的主要源泉和富有价值的战略财富。"

品牌的发展依赖于经济的高度发达，它的使用可以帮助消费者识别、选择商品，可以给企业带来利润和效益。优质的品牌不仅能体现企业优异的核心品质，为企业树立良好形象，还能代表企业的精神和文化。例如，耐克传递出的是一种想做就做，自由洒脱的精神，这种精神迎合了当代年轻一代消费者的心理，深受消费者喜爱。因此，品牌不仅是企业的独特标志，还是企业强有力的竞争武器、最有效的推销方式，是企业的"摇钱树"。

树立企业专属的独特品牌形象，打造消费者记得住、信得过的强势品牌，企业便可以在产品宣传中获得品牌效应，从而在波涛滚滚的市场洪流中站稳脚跟。

所谓品牌效应，即品牌使用带来的作用，消费者的购买因品牌效应而产生。良好的品牌效应能够为企业树立良好的形象，为企业带来巨大的经济效益和社会效益。一个企业要获得良好发展，就必须凭借品牌来打造良好的品牌效应，以此来不断获得利益，进而利用品牌不断开拓市场，巩固自己的行业地位，发展资本内蓄力，将品牌的无形资产的价值有形化。

企业发展如逆水行舟，不进则退。品牌则是企业摆脱市场围剿不可或缺的重要助力。因此，无论何时何地，企业都要重视品牌的树立，并努力打造良好的品牌效应，获得市场和社会的认可。

✧ 塑造品牌，缔造行业龙头

随着消费结构的不断升级，人们的消费观念也在不断提升，食品的营养价值、品质及健康属性越来越受到关注。在这一趋势下，休闲食品市场不可避免地受到了影响，发生了前所未有的变化，不少企业纷纷瞄准这一市场，积极布局，竞争愈加激烈。

在新秀四起、竞争不断的休闲食品市场，上海来伊份股份有限公司（以下简称"来伊份"）逆流而上不断扩大市场规模、冲击行业龙头地位。2016年10月，来伊份成功上市，成为"主板零食第一股"，这主要得益于其通过塑造品牌形象获得了良好的品牌效应。

食以安为先，来伊份深刻剖析消费者心理，紧抓食品安全与健康，从产品、服务、体验、文化等多维度践行"全球好品质、健康好生活"的品牌内核，树立"健康零食"理念，打造"健康零食"的独特品牌形象，使来伊份深入人心。

坚持品牌内核。在产品方面，从田园里的农副产品到生产车间的现代化加工，来伊份始终坚持品牌内核，坚持为消费者提供安全、健康食品的信念。不论是新鲜美味、富含营养的坚果，还是纯正精选的肉制品，来伊份始终坚持不忘初心，向消费者提供"健康零食"。2017年，来伊份荣获"第六届中国食品健康七星奖"管理体系奖，这正是对来伊份坚持品牌内核的认可。

打造让消费者放心的安全品牌。在服务方面，从流通过程的运输仓储到传递至每位消费者手中的配送，来伊份始终坚持打造食品安全产业链，每一步都确保科学、安全，做到有人监督、有人检验，真正打造让消费者放心的品牌。同时，来伊份紧跟时代潮流，通过线上电商和移动 APP、特通渠道全渠道一体化网络，使消费者可以随时随地、放心地购买"健康零食"，享受贴心服务。

打造拥有健康属性的品牌。在体验方面，从低热量、低脂肪的坚果到少用添加剂的干果，来伊份始终坚持注重食品的功能和品质。休闲食品有着很强的时尚化趋势、偏年轻的消费群体，来伊份紧紧抓住这一特点，始终把注意力放在产品的营养成分、健康属性上，不断进行产品升级，坚持打造能带给消费者健康、高质量生活体验的品牌。

打造有爱、有温度的品牌文化。在文化方面，从"伊仔"卡通形象到"传播休闲文化，创造快乐无限"的企业使命，来伊份始终坚持为消费者打造轻松、快乐的休闲生活方式，打造有爱、有温度的品牌文化。"伊仔"是来伊份的标识，是有爱的休闲生活文化的标识，其形象健康、快乐，一经推出便获得了众多消费者的青睐。

"全球好品质、健康好生活"的品牌内核、"健康零食"的独特品牌形象、有爱有温度的品牌效应，可以说是来伊份驰骋中国休闲食品行业将近20年的制胜法宝。通过打造品牌效应，来伊份在休闲食品领域占有极大的市场份额，赢得了广大消费者的信任与喜爱。

2018 年 8 月，来伊份的半年报显示，其累计实现营业收入 19 亿元，同比增长 11.17%。这些鲜明的数字显示了来伊份不断扩大的市场规模，更彰显了品牌效应的魅力。

无论处于任何领域，品牌的打造都是企业赢得消费者的重要因素，在这个看品牌的时代，品牌之间的博弈是企业逆袭的支撑力。企业要想在各自的领域拔得头筹，实现突围，就要成为消费者购买产品的首选，以品牌效应释放影响力，将企业品牌根植于消费者内心。

✧ 创建品牌，赢得持续发展

品牌是一种承诺，彰显着企业与消费者之间持久的信赖关系。只有获得消费者的信赖，企业才能发展，才能获得强大的竞争优势和丰富的战略财富。品牌就是建立与维持这一信赖关系的强劲纽带，品牌效应就是使这一关系不断得到发展与巩固的强大源泉。

品牌的建立非一日之功，企业要循序渐进，稳扎稳打，不可贪快冒进。

第一，把握品牌定位。品牌是为识别产品而服务的，不同的品牌代表不同的内容、不同的含义。因此，企业的品牌要具有本企业的特点，体现鲜明的个性，其中的图案、文字等要与竞争对手区分开来。

第二，做好品牌传播。以企业品牌核心价值把握品牌传播，加大宣传力度，塑造企业品牌形象，提升品牌知名度，从而获得广泛认同，是打造品牌效应的重中之重。传播品牌，就是塑造企业自身。

第三，掌握产品创新。创造品牌的同时也需要不断进行创新。创新是发展的源泉，企业要在巩固原有品牌的基础上，不断进行产品创新、品牌创新。产品的不断创新使企业拥有了发展的活力，品牌也就能呈现出不断发展的勃勃生机。

第四，紧抓质量保证。品牌概括了企业产品的质量和性能等特征，彰显了企业的风格和信誉。保证企业产品质量、加强产品服务是创造品牌效应的根本手段，是企业立身的重要基础。

第五，创建品牌文化。品牌不只是产品的名称，它包含企业的形象、文化、精神、理念等一切无形资源。有个性的品牌文化代表企业的独特形象，是企业的精神、物质等的有机融合。创建独特的品牌文化，就是塑造企业的灵魂和精神内核。一个企业有了灵魂，才能在竞争激烈的商业洪流中拥有立足之地。

第六，实施品牌管理。树立了独特的品牌形象，打造了品牌效应，并不代表企业从此就可以一成不变，高枕无忧。品牌需要不断地巩固、发展和创新，才能给企业发展带来源源不断的生机与活力。因此，企业需要对品牌实施管理，而管理的关键则是对品牌价值的监控。企业要对品牌的市场价值做出评估，形成品牌监测数据库，不断发现消费者对品牌认可的市场变动，从而做出品牌战略调整，保证品牌不偏离市场发展轨道，让企业品牌之树长青。

在严峻的经济形势下，企业要沉下心来，发散思维，打破既定套路，通过扩大品牌效应，打造独一无二的竞争优势。与此同时，企业还要对原有的品牌进行创新和巩固，从而实现突围，并获得经久不衰的品牌效应。

双线联动，协同对话未来

移动互联网技术的快速发展打破了固有的市场竞争格局，使一系列不可能变成可能。其中，电子商务的出现与蓬勃发展更一度使线下实体店倍受打击，双方甚至上演了一场"水火不容"的商场之争。如今，随着万物互联新时代的到来，电子商务与线下实体店也迎来了新的发展局面。

可以确定的是，线上市场与线下市场的发展趋势必定不是各自"占山为王"，也不是简单的O2O模式的运用，而是二者的深度融合。这种融合不仅有线下传统企业向上融合的努力，更有线上电商企业向下的拓深。线上与线下联动，协同对话未来。

✧ 转型，双线联动

当时间的脚步刚刚踏进21世纪，马云带着电子商务这一新事物开始进军市场。然而，人们对这个新生的事物并不友好，或观望，或抵触。后来，当人们可以足不出户，只是轻轻点击几下就能从网上买下自己所需要的商品时，人们渐渐发现了电子商务的便捷与神奇，并开始疯狂地进行着网上购物。随着移动互联网技术的不断发展，越来越多的人开始热衷于网上购物。

电子商务得到快速发展的同时，也使不少线下实体店遭到了冲击。尽管如此，电子商务也没能实现对线下实体店的取而代之。相反，线上购物的问题开始渐渐显露：照片与实物严重不符、质量严重不过关……毫无疑问，线上与线下都不可避免地遇到了发展的"天花板"。

现实一片惨淡，未来光明何在？

O2O模式的诞生与运用使电子商务与线下实体店看到了发展的希望。然而，O2O模式只是将线下的商务机会与互联网进行了简单的结合，把互联网变成线下商品交易的一个平台。这还远远不够。

信息时代的市场竞争，以精准化、体验化的模式为主，将消费者作为核心目标，满足并引导其消费需求。因此，线上与线下必须从彼此身上各取所需，实现深度融合。

线上与线下的联动将不仅有利于加快商贸流通速度，而且会大大提升创新发展、转型升级的速度。双线融合将成为未来最具活力的经济形态之一，线上线下的合作方式必定会成为促进消费的新途径与创新发展的新观点。

在跨界融合的大风口下，随着企业改革的深化，以及经济布局的战略性调整，双线融合无疑将某些摇摇欲坠的产业推向弦上，好似开了弓的箭不得不发。企业只有把握住这个契机，在时代的风口以市场化的融合方式，通过产品的同步、消费者的统一来提升自身竞争力，才能在风浪过后享受胜利的果实。

◇ 融合，引爆燃点

天下无常法，双线融合中。企业不能囿于市场中所谓"三令五申"的框架。要让消费者与产品同时向市场的"洼地"聚集，绝非易事，融合中的企业更是对跋涉其中的艰辛深有体会。

线上线下一体化的实现并非难如登天，虽然在实施过程中也存在功亏一篑的风险，但是，企业要想扩展自己的蓝图，双线融合的确是卓有成效的途径。

2005 年，易果生鲜的成立开启了中国生鲜 B2C 的序幕。2008 年，深圳百果园实业发展有限公司（以下简称"百果园"）推出了公司电商平台——网上百果园。公司用四万元建立起一个网站，顾客上线订购后，货物便被送到客户家中。但是，由于百果园是线下零售起家，其内部团队很难与电商行业特质融合，因此，尽管网上百果园没有出现亏损，却也一直无法壮大。

2014 年，百度地图与美团兴起，同时，智能手机也已经开始在大众中普及，这为百果园发展线上业务带来了新契机，百果园开始思索双线一体化的渠道。经过紧锣密鼓的筹备后，千果网在 2014 年上线，这是基于门店终端的一个 APP 系统，也是百果园自营 APP 的前身。2015 年，百果园不仅专门成立了百果科技，而且还与饿了么等外卖平台开展了合作洽谈。2016 年百果园上线后，它与当时的生鲜电商一米鲜进行了合作，使自己的线上渠道获得了极其快速的发展。2017 年，小程序"百果园 +"强势登陆微信平台，受到电商方面的全力推广。

截至 2018 年 7 月，百果园不仅线上的单月销售已经破亿，而且在小程序"百果园 +"上线仅半年多的时间里，总累积用户已超 600 万，月新增用户峰值超 300 万。这庞大的数字相当于百果园 APP 在过去两年里所积累的用户总数。而 2018 年年底百果园发布数据显示，"百果园 +"小程序用户数已突破 1000 万。

百果园之所以取得如此辉煌的成就，互联网与云数据的支持功不可没。它的创始人余惠勇曾在一次采访中提到，"线上线下一体化是终极模式"。

要达到将线下的客流引导至线上的局面、形成线上线下高效转化的局势，只有从传统销售模式的束缚中解放出来，企业才能不必为惨淡的营业额抓耳挠腮，才能在市场的制高点傲视群雄。

◇ 渗透，融合有力

线上市场与线下市场好似一对血浓于水的双胞胎兄弟，二者正在相互渗透之中。这种"你中有我，我中有你"的形势不仅为广大消费者带来更为便捷的生活，同时也为企业的发展提供了一条康庄大道。

企业在进行双线融合时，不可避免地会遇到一些问题，诸如品牌力薄弱、转型速度过慢、数据应用能力不足等。因此，要想做好线上线下市场，企业要牢牢掌握以下四个要点。

首先，产品的精准化定位。在网络营销或是现实营销中，学会分析和定位对企业来说是一项必不可少的技能。企业不仅要关注现有产品的定位，使产品在消费者心目中留下值得购买的形象，而且还要重视潜在产品的定位。要做到这两点，就要求企业从零开始，使产品特色符合所选择的目标市场。

其次，填平 ERP（Enterprise Resource Planning，即企业制造资源计划）鸿沟，实现双线资源一体化。从销售前端的计划提报，到预报订单，再到后端的物流发货，仓储、费用的核销，形成了一体化流程。如今"商业智能分析"逐渐成为信息平台极其重要的工具。只有实现跨系统的资源一体化，才能使企业产生商业价值。

再次，构建新型供应链关系，降低流通成本。当产品生产、销售进入一个难以突破的瓶颈期，相信不少企业都会为高成本、低收益的窘境愁眉不展。这就需要企业管理者转变思维模式，不断推动产业链升级。企业通过预测消费数据、把控生产，从而达到供应链升级。

最后，线上线下同质同价。互联网快速发展，电商百花齐放，网上购物已经成为新时代的一种常态，但大型商场的不断崛起、商业街的火爆程度也预示着消费者并没有放弃实体购买。因此，无论是线上还是线下，消费者群体基本趋同，那么，对于同一批消费者而言，线上线下同质同价更迎合消费者的购物体验需求。

在新零售的背景下，有能力进行线上线下联动融合的品牌，应该对产品和服务进行升级，为消费者带来更好的消费体验，线上线下同质同价，消费者所见即所得。企业可以通过多平台订单统一管理，库存自动同步，使消费者可以线下体验、线上购买，或者直接在线下购买商品，店内通过线上补货。

奏着双线融合的乐曲，企业虽无法精准弹奏未来商业发展趋势的所有音符，但可以肯定的是，移动互联网在与金融业、制造业、零售业等不同领域的企业发生碰撞的时候，一定会产生最为奇妙的火花。

这是一场浩大的商业革命，这是一次新经济时代的来临。双线融合的号角已然吹响，企业跟随着消费升级的节奏翩翩起舞。在可以预见的未来，线上线下联动的销售模式，不仅仅能助力企业从当下困境突围而出，还将会以轰轰烈烈的状态改变、影响每个人的生活。

市场驱动，紧抓发展机遇

当红海的竞争愈加激烈，企业是该转战新的领域，还是在旧的领域深耕不辍？红海竞争固然激烈，但是，给你一片蓝海，你就能将企业做大做强吗？

问题出自市场，答案亦离不开市场。

无论是身处红海还是蓝海，企业都要将市场作为发展的重要依据，从中获得发展的信息与方向。否则，结果只有"溺死"，遑论在"海"中遨游。

◇ 市场需求，经营准绳

在万物互联的新时期，网络信息技术创造了前所未有的商机，也给企业带来了前所未有的挑战。在这种新形势下，企业该如何开展经营活动？

市场，最初是指买卖双方进行交易的场所，人们在固定的时间段内在此场所进行商品交换。久而久之，这个交易的场所就被称为市场。随着时代的发展，市场的内涵也在不断丰富。于现代社会而言，市场指的是潜在顾客。

潜在顾客是构成市场的最基本要素，并与购买力、购买欲望一起构成市场的总和。其中，潜在顾客的多少决定着市场的规模，其构成和变化制约着市场的构成和变化。购买力指顾客以货币来购买商品或服务的能力，一定阶段内，顾客的收入水平决定了其购买力水平的高低。购买欲望则由顾客的需求而引发，是产生商品交换活动的必要条件。潜在顾客、购买力、购买欲望这三个要素缺一不可，共同构成企业的潜在市场。

企业根据市场的需求，在把握潜在顾客购买力的基础上满足其购买欲望，为顾客也为市场提供商品或服务，从而实现盈利。在此意义上，可以说企业是为市场而服务的，企业的发展壮大正是为了满足市场不断发展的种种需求。当市场需求不存在时，企业也就失去了存在的必要。

因此，企业必须把握市场运作的内在规律，利用市场驱动原则来开发市场、激活市场。即以顾客为中心，认真仔细地进行市场研究，发现市场空隙，投顾客所需，为潜在市场提供所需要的商品或服务。

◇ 发现蓝海，快速崛起

市场推动着时代的进步，也带动着企业的发展。随着万物互联新篇章的开始，"听"和"说"——人类最基本、最重要的沟通方式——被运用到了语音设备上，智能语音交互作为新的信息交互工具勃然兴起。

成立于 2018 年 1 月的北京声加科技有限公司（以下简称"声加科技"）就是专注于研发通信声学核心技术和语音交互的新兴技术型企业，其核心业务是为全场景用户解决语音前端处理问题。

2018 年 11 月 8 日，声加科技受邀参加"西安 2018 全球硬科技创新暨'一带一路'科技合作大会"。在此次大会上，声加科技与众多资历深厚的老牌企业共同展示了最前沿的产品，并相互交流了思想和技术。

2018 年 12 月，声加科技以 ENC 降噪技术助推华为荣耀 FlyPods 青春版无线耳机上市，其各项参数都表现出优异性，不到半个月便成为各大网络平台上无线耳机中的畅销产品。

创立不到一年，声加科技便在行业内迅速崛起，并取得了如此瞩目的成就，究其原因，离不开对市场的分析与把握。

捕捉最新的市场需求是声加科技崛起的前提。

近年来，在个人用户、家庭用户及其他各领域的多场景应用下，智能语音产业的市场规模呈现快速增长。有关方面预计，至 2024 年全球智能语音产业的市场规模将超过 227 亿美元。在这个前提下，声加科技做了充分的市场调研，敏锐地捕捉到最新的市场信息，判断出智能语音市场的发展前景，并选择了语音交互作为企业的出发点。声加科技提出的近场、远场语音交互技术方案，拥有回声抵消、声源定位、语音唤醒等各项性能，在行业领域内处于领先水平。

开发有软情怀的技术是声加科技发展的核心动力。

企业为市场服务，也就是为顾客服务，因此，企业必须考虑到顾客的感受，做有软情怀的技术。声加科技提供的 ENC 降噪技术能够广泛地应用于各式耳机，精准保护主目标语音，同时有效抑制各种噪声，如交通工具的噪声、他人的说话声等，90% 以上的环境噪声都可去除，以此来营造高质量通话效果，给顾客带来高品质通话服务。

做有硬科技支持的硬产品是声加科技的硬实力。

硬产品是企业的硬实力，只有不断推出有硬科技支持的硬产品，企业才能抢占市场。声加科技基于对企业自身和市场的深刻分析，将企业的产品生产划分为三个步骤：在智能语音交互设备及通信设备方面，提供语音前端处理的算法；在第一步的基础上，开发用于语音处理的专用芯片；在第二步的基础上，为用户提出用于语音前端处理的整体解决方案。三个步骤环环相扣，构成了声加科技的产品硬实力。

深挖广阔的潜在市场是声加科技的发展源泉。

虽然智能语音市场目前的增长比较迅速，但是声学技术仍旧处于商业应用的初级阶段，还远远未达到用户满意的程度，其潜在市场十分广阔。例如，在远场语音识别的场景下，智能音箱存在唤醒失误、识别不准方言、识别率较低等问题。正是意识到这些语音交互的技术瓶颈，声加科技不断集中力量进行技术的研发与改进，深挖广阔的潜在市场，以期达到人机自由交互的最终愿景。

作为新兴企业的声加科技能够迅速崛起，驰骋于竞争激烈的商海，关键就在于其能够准确分析市场关键因素，把握市场驱动原则。市场驱动不仅对声加科技是一种助力，也是身处商海的其他各领域的企业发展的着力点。以市场为准则，把握趋势，挖掘需求，企业才可以捕捉发展机遇，借势起飞，不断突围。

✧ 把握法则，雕刻实力

市场具有开放性、竞争性、多元性、自主性，瞬息万变，令企业难以捉摸。那么，企业如何才能掌握市场运作的内在规律，把握市场驱动法则，从而助力企业在发展遇到困境时突围而出呢？

首先，培养卓越的市场感知能力。市场信息是企业做出战略决定的依据，广泛的市场监控能够帮助企业获得真实且及时的市场信息，敏锐地感知市场的变动。只要顾客有新的需求或者竞争对手出现新的动作，企业就能够迅速得知并及时做出反应。同时，企业可以整合用户和竞争对手的信息，以此来规划产品开发，并定期审查，反省失败的产品营销。

其次，根据市场信息做出决策，制定发展战略。企业可以将挖掘到的市场信息如用户需求、竞争环境等进行综合，准确把握市场需求，做出符合自身现阶段发展的决策，确定详细的产品定位、服务策略等。

再次，打造企业硬实力。企业的产品就是企业的硬实力。制定出具体的发展战略后，企业要按部就班地施行。从技术的开发到产品的生产、管理、营销等，企业要在安全、质量、产品属性等方面树立自己的特色，打造本企业立身的硬实力。

最后，深挖潜在市场，引领持续发展。对潜在市场的扩展、深入挖掘，是企业持续发展的永久动力。例如，企业对产品的举一反三，可带动开发一系列相关或类似的产品，从而挖掘相关市场；对在一个地区营销成功的产品进行市场转移，可以挖掘其他有着不同习惯的地区的差异市场；对产品市场进行细分，并调研剖析，可以发掘更多潜在机会，扩大产品销路。

万变不离其宗。无论经济环境如何变化，商业竞争如何激烈，市场始终是企业发展的根本指向和依托。市场驱动是企业于激烈竞争中昂然奋起必须运用的有效竞争法则之一。取势于市场，企业方能最大限度地抓住每个发展的机会。任何企业在经营过程中都不能忽视市场，必须准确把握住这一法则。

跨界合作，重焕发展生机

瞬息万变的市场，总是在不经意之间使企业的发展或是陷入泥淖，或是陷入突破已有成绩的瓶颈。显然，单凭一己之力，企业很难突出重围，摆脱困境。

那么，在这行业边界愈发不明显的市场之中，企业又该怎样寻求新的蓝海呢？

突破边界，跨界合作为企业提供了答案。

跨界合作，不仅可以充分发挥、放大合作双方的资源价值，而且可以进一步形成一个新的完整而独立的个体，从而提高合作双方的市场竞争力。跨界合作，使企业的发展重新焕发生机。从一定意义上来讲，跨界合作也体现了企业管理者的创新意识。

✧ 跨界合作，大势所趋

在严峻的市场环境下，企业要想获得稳定的发展，除了良好的技术、全面的服务之外，更需要与市场协同发展，紧跟市场的步伐，给消费者提供新颖的产品，带给消费者全新的消费体验。可是，每个企业都有不足的地方，或是资金，或是市场，或是流量等，这些都是影响企业发展的重要因素。要弥补这些不足，并充分发挥自身的优势，企业就需要进行跨界合作。

万物互联时代已然开启，许多看似毫不相关的企业实则有着千丝万缕的联系。任何一个企业都不应该固守现有业务。以跨界来开拓新的市场、以合作实现进一步的发展，已经成为许多企业寻找新利润点的重要方式。

企业大胆跨界往往能够带来意料之外的收益。可口可乐和菲诗小铺推出全系列彩妆，为双方原有消费人群带来了全新的产品体验，网易和亚朵打造"睡音乐"酒店，全新的服务方式吸引了更多潜在受众。这些看似毫不相关的企业在合作的同时也给双方带来了全新的形象和更加广阔的市场。

正如马云所说："这是一个摧毁你，却与你无关的时代；这是一个跨界打劫你，你却无力反击的时代；这是一个你醒来太慢，干脆就不用醒来的时代；这是一个不是对手比你强，而是你根本连对手是谁都不知道的时代。"

于是，阿里巴巴主动出击跨界寻求合作伙伴，联合飞亚达，冲击智能手表这一方兴日盛的领域，将飞亚达的独特工艺与阿里巴巴的 YunOS 系统结合，带给用户更好的产品品质与消费体验，突围智能手表；开设实体店，凭借线上的宣传和推广，大力发展线下销售，线上线下全面发展，开启新零售时代，在零售业成功突围；投资万达影业，成为第二大股东，阿里巴巴借用万达的线下资源，万达借用阿里巴巴的线上流量，双方协同合作，从而突围影视行业。这一系列举动都为阿里巴巴和合作伙伴带来了巨大的利润，开拓了更大的市场。

资本市场竞争激烈，风云涌动，稍有不慎便会使企业走向失败。因此，企业管理者要大胆跨界，努力向多个领域发展，实现不同行业之间的融合，让企业在突围的同时，实现多元化的发展。

✧ 先行先试，引领市场

伴随着互联网经济的不断发展，越来越多的企业选择了与互联网企业进行跨界合作，以求快速实现市场突围。例如，网易云音乐继推出"乐瓶专列"和"音乐专机"之后，又联合农夫山泉推出了"乐瓶"。

网易云音乐的核心竞争力不是歌库量，而是平台上的评论和大数据推送与用户之间产生的情感共鸣。凭借这样的优势，网易云音乐成为深受年轻人喜爱的音乐软件。但是，与其他音乐软件相比，网易云音乐正身处市场偏狭窄、用户基数明显不足的围城之中。

农夫山泉则是快消类饮品，凭借环保、天然、健康三理念在国内瓶装水领域名列前茅。在品牌效应方面，农夫山泉更是通过一系列的营销手段，给用户留下深刻的消费印象。但是，农夫山泉正急于突破传统销售模式的重重包围，想要打造出超越用户消费期待的营销效果。

这次跨界合作，网易云音乐从 4 亿乐评中选出了 30 条简洁有趣、打动人心的评论，并将其印刷在 4 亿瓶农夫山泉的瓶身上，进行线上线下全面发售。

音乐是抽象的，农夫山泉瓶装水是具体的，两者若要结合，乐评便是最好的选择。发表乐评是人们听音乐时表达感情、交流情绪的重要方式。当乐评与瓶装水结合，瓶装水就成为音乐的载体，扩大了市场，音乐让瓶装水有了情感，改变了形象。并且，网易云音乐将乐评与场景结合，针对各种场景，提供多种方案，让用户在不同的情境下，有了千万种体会。

最令人惊讶的是，这次跨界营销已经不只是停留在"看"的阶段，"听"也成为这次跨界合作的重要组成部分。

"乐瓶"在原有基础上增加了 AR 技术，使用网易云音乐 APP 扫描瓶身，就可以看见一幅星空海洋的画面，点击星球可以出现不同的乐评，用户还可以拍照将拍摄对象与星空、乐评相结合，随时分享。除此之外，扫描瓶身二维码就可以跳转到相应歌曲，无须下载就可以收听音乐、撰写乐评、分享情绪。这样的瓶身设计，增加了音乐的趣味性和互动性，让用户有了更好的消费体验。

UGC（User Generated Content，即用户原创内容）的乐评内容带有极强的感染力，网易云音乐也没有在评论上添加修饰，只是借用高科技进行了创意的延伸，用瓶装水作为载体推向市场，可谓跨界合作中的更高一层的提升。

毫无疑问，此次合作达到了互惠互利的效果，使双方顺利从困局中突围。农夫山泉借助网易云音乐的乐评，用新颖的营销策略，改变了农夫山泉固有的销售模式，提高了用户口碑，有了更大的溢价空间，也给每一瓶水添加了故事和情感。而网易云音乐则借用农夫山泉分布广、曝光率高的优势，打开了更大的市场，让用户更好地感知产品品牌，给用户带来更优质、更完整的音乐体验。

科技、信息、互联网的快速发展，如同架起了一座穿梭于各行业与企业的桥梁，这座桥梁四通八达，没有界限，各行业间可以相互渗透。网易云音乐与农夫山泉的跨界合作是一种新型的尝试，它们的合作是成功的，它们为彼此打开了全新的市场，也为消费者带去了全新的体验。

企业正处于一个瞬息万变的市场环境中，不断涌现的新型企业打破了过去的竞争法则，它们不再固守界限，画地为牢，而是在跨界的边缘疯狂试探，不断扩展。因此，跨界融合已是大势。消费者的需求没有边界，以满足消费者需求为根本的企业需要进行跨界之战，突围界限，重新定义自己的市场与未来。

◇ 市场多变，正确抉择

如今，跨界合作早已成为企业不断革新自我的重要途径之一。跨界合作可以为企业的发展注入创新的活力与动力。但是，隔行如隔山，不少企业尝试跨界合作却惨遭失败。例如，北京万通地产股份有限公司（以下简称"万通地产"）是国内的老牌地产公司，在跨界合作的大趋势下，与星恒电源股份有限公司进行合作，意欲打造"地产＋新能源"的双引擎。但是，由于对市场判断失误，跨界合作并未为双方带来惊喜。2018年12月，万通地产终止了合作项目。

跨界不易，那么，企业该如何进行跨界合作呢？

首先，对自己有明确的认识。要清楚分析自身的优势与劣势，明白自己能为合作企业带来多大帮助，对方能够给予自己多少帮助，合作是否有利于双方发展，选择合适的企业，制定可以为双方谋取最大利益的合作方式。

其次，关注自己的核心竞争力，保持自身的特色。企业要明确并凝聚自身的独特优势，在此基础之上寻找跨界合作的伙伴，否则很容易陷入盲目的多元化发展误区，甚至是丧失自己原有的优势，得不偿失。当然，跨界合作的双方要诚信互利，才能充分发挥合作的优势，从而实现双方市场利益最大化。

最后，资源平均，协调发展。在合作的过程中，要注意与合作方的资源平均，优势互补需要的是资源互利，若是合作双方只有一方获利，不仅不利于双方实现优势互补，而且不利于未来双方的发展。

此外，需要注意的是，跨界合作同其他任何商业模式的创新一样，有得有失，企业必须做到理性对待。

跨界合作使不同产业、企业之间彼此聚合，进而形成一个个生态群落。如同自然界的生态系统一样，跨界生态系统中的"企业生物"也不断地演化。建立跨界生态系统，加强不同行业之间的合作，创新发展模式。跨界融合，有利于发现新的商业契机，实现 1+1=N 的效果，使企业收益倍增，为企业寻找到新的发展机会。

事实已然证明，单打独斗的企业将很难突破重重包围。相反，跨界合作是企业突围、获得新的发展机遇的有效方法。在新的经济形势下，企业管理者必须考虑通过跨界合作实现产品创新，不断推动跨界合作的广度和深度。如果不能主动打造跨界生态圈，那么就要主动嵌入。跨界连接新时代。跨界，博采众长。跨界，无界。

盈利模式，夯实经营基础

要登上珠穆朗玛峰，登山者必须做好充分的准备。否则，即使登顶，也待不久。企业的经营发展也是如此。如果一家企业占据了市场第一的份额，却没有获得足够多的利润，那么，其注定活不久。

没有利润的企业无疑是不健康的，是缺乏生命力的。要想实现获利，企业就需要在实际经营中不断探索，构建一套行之有效的盈利模式。有效的盈利模式不仅可以帮助企业赚钱，长久地赚钱，赚资本市场的钱，而且可以帮助企业摆脱竞争对手发起的恶性竞争，助力企业从激烈的市场竞争中突围。

✧ 盈利模式，发展的关键

如何判断一家企业的经营质量好坏？一个简单有效的方法就是看它的盈利状况如何。盈利能力差的企业，其经营发展必然存在一定问题。对于盈利，不少企业管理者认为，只要有了增长的收入和市场份额，企业自然而然就可以实现获利。然而，事实并非如此，企业利润的持续获得离不开一个必要的因素——盈利模式。

企业盈利能力的高低取决于盈利模式的好坏。没有盈利模式的企业，或许可以一时获利，却很难实现长久的获利，遑论获得充足的利润。在成功的盈利模式的支撑下，企业将会拥有造血功能，不仅可以吸引投资人的投资，而且可以获取较大的市场利润。当企业的发展面临困境时，一种创新的盈利模式常常可以巧妙地解救企业于危难之中。

什么是盈利模式？简而言之，盈利模式就是企业赚钱的方式、方法和策略。它是一个复杂的体系，包含了六大要素：业务结构、商务结构、客户价值体系、资源能力体系、盈利保护体系、产业链运行体系等。这六大要素不是独立的，而是彼此互相关联。在企业的经营发展中，如果它们形成了一个强而有力的系统，就可以成为促使企业向前发展的动力。

不同的行业有不同的盈利模式，同一个行业也会有不同的盈利模式。商业中常见的盈利模式，如"剃须刀＋刀片"的盈利模式，挖掘产业链价值的盈利模式，资源整合的盈利模式，基于互联网的免费的盈利模式等，都在企业的发展中扮演了重要的角色。

一家优秀的企业，一定有着与其相匹配的盈利模式。相反，如果企业迟迟不能构建自己的盈利模式，那么，注定会走向灭亡。例如，共享单车死亡的样本——小鸣单车，其失败的主要原因之一就是，未能真正形成盈利模式，而仅仅依靠融资和用户押金来存活。因此，当融资出现问题、押金遭到挤兑时，公司立刻就会垮塌。

盈利模式并非自企业诞生之日就存在。对于大多数初创企业而言，盈利模式一般都是不自觉形成的，隐蔽、模糊而又缺乏灵活性，是不成体系的。处在这个阶段的企业一般对自己的盈利模式缺乏清醒的认识。随着企业各方面发展的日趋成熟，一个清晰而准确的盈利模式变得愈发重要。企业必须在实践中结合自身的实际，调整设计出一套盈利模式。否则，企业将会被市场淘汰出局。

✧ 创新盈利模式，长青发展

企业的盈利模式不是一成不变的，需要随着企业、市场的发展进行调整创新。正所谓："物竞天择，适者生存。"通过盈利模式的创新，企业才能更好地获利，进而提高消费质量，促进社会的进步。

在中国，自健身行业兴起至今，多年来传统健身房的盈利模式单一，过分依赖健身房加盟费用、私教课程费用和会员费用，不曾有过较大变化。随着时代的发展，固化的盈利模式限制了企业的发展，传统健身房接连遭遇困境。与此同时，新型健身房则借助互联网设计、创新了盈利模式，正在积极突围，为健身行业的发展打开了一扇新的窗户。

在以客户关系、价值创造为基本内容的新盈利模式下，一众互联网健身房新秀们不断地打破和颠覆健身行业原有的内容、体验、技术与生态，力争做一家有优质内容的健身房。其中，有的在专心做优质课程产品，有的想做智能健身房，有的致力于成为运动科技公司，还有的想成为健身行业的 Uber。

从天而降的从来都不是馅饼，一个成功的盈利模式也不会主动出现，需要企业努力挖掘，精心设计。企业管理者应及时发现自己的利润区，并根据利润区及其转移的规律，来进行盈利模式的设计与创新，从而实现企业的长青发展。

通常，企业的盈利模式会涉及以下几个基本问题：客户是谁，客户重视什么价值；企业从事的是哪种经营活动，企业为客户提供的产品或服务是什么；企业在经营中需要的关键资源是什么，企业的核心能力是什么；企业如何从经营中实现获利；企业如何保护利润流；企业如何获得持续的、高额的利润；等等。换句话说，企业在经营发展中，要想方设法解决以上这些问题，否则，将很难形成自己的盈利模式。

另外，盈利模式的成功与失败自有其判断标准。企业可以通过对标准的对照与比较，来审视和设计盈利模式。那么，什么样的盈利模式才是成功的？

第一，盈利模式必然是建立在现实基础上，而不是脱离企业而存在的空中楼阁。盈利模式是帮助企业实现价值创造和价值获取的方式，所以它必须符合企业发展的实际情况，并且要在充分发挥企业自身优势的基础上建立和运行。

第二，成功的盈利模式具有一定的超前性。市场处于不断发展变化的状态，企业要想在这种背景下突围而出，不仅需要实力的支持，更需要超前意识的加持。这里的超前意识不仅是产品和商业模式的超前，也是盈利模式的超前。

盈利模式既要遵循国家法律法规，也要遵循市场供求规律、顺应行业发展的趋势。在此基础上，盈利模式才可以更好地引领企业的发展，帮助企业在未来的竞争中率先取得优势，凝聚突围之力。

第三，成功的盈利模式必定有企业自身的特点，独特而不可轻易被复制，如阿里巴巴的盈利模式。很多企业在设计盈利模式之时，总是借鉴同规模的其他成功企业或是大型企业的盈利模式，试图走成功盈利模式的捷径。但是残酷的现实却是，借鉴成功的盈利模式未必就能走向成功。

深究原因不难发现，那些成功企业的盈利模式虽有相似之处，但支撑它们实现盈利的重要因素却是每个企业所具有的独一无二的盈利模式特点。因此，企业要想拥有一个成功的盈利模式，不仅要借鉴成功企业的盈利模式，更要结合自身的发展情况，打造独一无二的适合自身发展的盈利模式。

第四，成功的盈利模式不一定使企业获得最大的利润，但是一定要让企业获得充分的利润，以解决企业发展中遇到的各种问题，实现企业的长久发展。

企业不要错误地认为盈利模式可以使企业获得更多的利润。对企业来说，一时的利益并非是企业所追求的。拥有一个可持续发展的盈利模式，企业才能在市场中屹立不倒，长久发展。如果企业认为盈利模式只是实现盈利最大化的工具，那么这种盈利工具只会加速企业的失败。

第五，成功的盈利模式是动态的，而非静止的。时代在变化，企业在变革，盈利模式也要随之不断完善。盈利模式要帮助企业获得充分的利润，这也就意味着盈利模式必须随着市场和用户需求的变化及时进行调整。

成功的盈利模式不是割裂的，而是一个完整的、有效的系统性存在。对于盈利模式而言，创新是灵魂，设计与重构是关键，实施效果决定其成败，能否打造跨界融合产业生态圈则决定了一种盈利模式能否在众多盈利模式中胜出。企业必须不断审视自己的盈利模式，在发展中不断创新盈利模式，这将有利于企业在市场竞争中获得更多发展的机会。

"天下熙熙，皆为利来，天下攘攘，皆为利往。"作为一个商业组织，企业必须获得合理的利润，才能使自己具备可持续发展的能力。无论何时何地，没有利润的企业都是难以在市场中生存发展的。企业好财，要取之有道。企业必须建立有效的盈利模式来获取利润，夯实经营发展的基础。这也是企业从当下困局中突围而出的有效方法。

顶层设计，激发潜在优势

迅速发展的市场经济，让每一个企业都承受着巨大的压力，巨头如诺基亚也会轰然倒塌。现如今，身处市场变局中的企业，更是有着朝不保夕的危机感；雾里看花般的全球经济趋势变化，更是让企业陷入困局之中。

在这种困局之中，企业要以顶层设计为突围之径，激发企业的潜在优势，打破市场围困之势，成为行业中的胜利者。

◇ 顶层设计，系统规划

在过去的市场中，无数企业都坚信"大鱼吃小鱼""快鱼吃慢鱼"，将发展重点聚焦于发展规模和发展速度，反而忽略了企业的发展质量。结果欲速则不达，这些企业也为之付出了沉重的代价。

究其根本，这些企业都忽略了企业的顶层设计，盲目扩张。顶层设计，是企业基于对目标市场的深入了解，对用户需求的深度把握，对竞争格局的全面认知，运用科学的方法论对企业未来一定时间内的发展做出系统性规划。换言之，顶层设计的高度是站在市场的角度；远度是在未来一定时间内的发展目标；角度是竞争格局的全面认知；逻辑是系统性规划。

顶层设计作为一种系统化的企业战略管理手段，具备两个特点、三个层面。

特点之一是严密的逻辑性。顶层设计不仅要清晰指明企业的未来发展，还要明确回答企业成功的管理哲学。顶层设计为企业设计合理经营理念的同时，还要为企业提供可操作的方法论。总而言之，顶层设计为企业有针对性地提出系统、步骤清晰、分工明确的实施计划，并对人力、物力、财力等资源进行合理分配。

特点之二是明确的可操作性。顶层设计必然是以企业实际情况为出发点，再回到实际中。顶层设计的设计方案明确告诉企业要执行什么、执行的原因、从何时开始执行、从何处开始入手、由谁负责执行、如何执行，以及执行时要花费的时间资源，帮助企业把握战略落地的要领，保证执行时不会出现偏差，同时充分预计各种风险，做好相应的预案准备。

三个层面：一是商业模式，商业模式是顶层设计的出发点，在企业商业模式是正确无误的前提下，顶层设计便可以为企业设计未来的成长路径，之后的落地执行便有据可依；二是组织模式，组织模式的设计是根据现阶段的企业发展状况明确各个部门和组织的定位、发展目标，确保企业的正常运转；三是资本模式，资本模式是影响企业发展的重要因素之一，企业想要突围行业困局，可以通过对资本的运作来达到企业成长和资产倍增的目的。

顶层设计是企业前行的"导航仪"，是帮助企业在市场与行业中破局而出的关键助力。顶层设计可以帮助企业有效解决错综复杂的市场问题和内部经营管理难题，既助力企业发展，也激发了其内在的潜在优势，让企业做好突围准备。

◇引导企业转变，助力发展

瞬息万变的市场在很多时候都让企业茫然无措，为了应对这一市场环境，企业开始从商业模式、产品、管理等多方面推陈出新。在短期内，企业还能凭此获取一定优势，但无法长期助力企业发展。而顶层设计的出现则为企业解决了这一根本难题。

通过顶层设计在市场中突围而出的企业不在少数，雷士照明便是其中之一。随着各大企业涌入照明行业，该行业的竞争也越发激烈，已然成为一片红海。而在这样的行业背景下，雷士照明却突围而出，取得 2018 年集团收入达人民币 49 亿元，与同期比较上升 20.7% 的优异成绩。

早期照明行业的生产模式大多为前店后场，灯具抄袭模板，质量难以保证。针对这一情况，雷士照明认为未来是追求产品质量的时代，所以雷士照明建立了属于自己的研发队伍，投入大量资金，开发核心产品。

基于顶层设计，雷士照明将企业发展重心放在产品研发上。同时，雷士照明还对交易环节进行科学化分解，将经销权集中，管理权下放，由各个区域的独家经销制和专卖店体系向运营中心负责制转化，并成立省级运营中心。

通过顶层设计，雷士照明还将开发和巩固隐形渠道作为发展重点，让经销商与加盟店齐头并进，占领更多的市场份额，开发并拓宽隐形渠道。正是在顶层设计的指导下，雷士照明才实现了可持续发展，在行业中成功突围。

顶层设计是企业发展的基础。在顶层设计的指导下，企业才能实现可持续发展，站在市场的角度，预见企业未来发展，助力企业突围困境。但，顶层设计不是摸着石头过河，而是全方面、自上而下的系统规划。

✧ 掌握宏观要素，系统化管理

诸多企业都曾制定过战略规划，但执行时却是隔靴搔痒的感觉，无法将规划落地，无法充分发挥规划的作用。久而久之，企业开始陷于被动挨打的局面，只能跟随其他企业的步伐，始终无法在市场中掌握主动权和主导权。

企业要想扭转现状，在行业中突围而出，带动市场的洗牌，增加自身获胜的筹码，就要掌握顶层设计的五个宏观要素。

第一，顶层设计的前瞻性预测。市场是瞬息万变的，企业要想实现长足发展就要对未来的发展进行推测和预判。顶层设计首先要做的便是明确企业在未来一段时间内所需要面对的外部环境和市场挑战，并让企业员工了解现状。然后根据市场的变化规律和企业发展趋势，企业制订出方案，以最佳的状态去面对变化和挑战，在市场中掌握主动权和主导权。

第二，顶层设计的系统化思考。系统化思考是寻找问题根源，而不是仅看表面现象，忽略引发表面现象的根本问题。企业如果仅是根据表面现象而采取对策，往往是治标不治本，事倍功半。比如，企业执行力低，从表面来看，可能是因为激励制度或是沟通机制导致的，但通过系统化思考之后，便会发现导致这一问题出现的深层次原因是企业的用人机制问题。

第三，顶层设计的落地方法。系统化思考在企业之中必不可少，但只有思考却无落地方法对企业来说也只是纸上谈兵。顶层设计需要系统化思考，更需要切实可行的落地方法。顶层设计的落地方法包括企业中的战略规划、商业模式、产品创新与研发等。落地方法是顶层设计顺利进行的基本保障。

第四，顶层设计的数据化分析。落地方法对企业有着极为重要的指导作用，但仅有落地方法也是远远不够的。企业要想在市场和行业中突围而出，在顶层设计落地的同时也需要具备一套科学的决策机制和运营管控体系，通过量化的语言去进行分析与决策。企业的发展不是基于企业管理者的感觉，而是基于精准的数据。精准的数据是进行顶层设计的基础条件，也是企业实现精细化管理的前提条件。

第五，顶层设计的科学化分解。执行力直接关系到顶层设计能否长期进行。企业如果无法拥有高效执行力，那么也就无法拥有顶层设计。顶层设计是需要企业员工的执行力才能顺利进行的。但是员工的执行力在哪里？很多企业管理者认为将工作布置到每一个员工身上，就可以得到高效执行力。但事实并非如此，企业管理者要想获得高效执行力，就要先学会分解工作，将工作转变为动作，再通过标准化流程和工作将动作转变为"规定动作"，借此来激发员工的主动性，提高员工的执行力。

面对不确定的未来，面对全球化的市场，面对危机重重的行业，诸多企业都在思考：是静候局势发展，待时而动，还是先发制人，引领行业发展？不管是前者还是后者，企业都应是基于顶层设计的基础进行决策，只有这样，企业才能从困局中破局而出。否则，企业极易陷入发展危机之中，被变化的市场淘汰。

多维格局，助力深远发展

我们正在进入一个新的时代，一个由多变因素构筑的新经济变革时代。在这个时代，一切都难以捉摸，新商业规则不断涌现，新商业技术不断更迭，新商业文明不断演进。每一次商业环境的转变都会造就一批新秀企业，但同时也会让一些"巅峰企业"风华不再。在这变革的时代，不断颠覆的经济格局与商业环境，倒逼企业不断优化、升级及突围。

商业发展无止境，企业的成功与失败不在于起点的先后，而是看企业是否能够抓住变革转折点。站在变革岔路口的企业，要想借势突围，就需要创建多维格局，以多维的视野应对多变的世界。

✧ 维度攻击，颠覆预知

数码相机品牌尼康经营惨淡，打败它的是智能手机。诺基亚败北，"吞噬"它的却是微软。康师傅方便面销量下滑，冲击它的不是今麦郎、白象等同行企业，而是美团、饿了么等新兴的互联网送餐平台。

号称19年不关一家店的零售业传奇大润发，没有在与沃尔玛、家乐福的竞争中倒下，却输给了电商起家的阿里巴巴。导致银行业绩下滑的，是微信与支付宝。尼康等企业的衰落，并不来自同一维度的竞争，而是来自不同维度的颠覆，来自不可预知的观念和产品。不同维度的攻击是现如今各行业的重要竞争手段之一。

维度是近年来商业竞争中被企业家频繁提及的一个概念，具有单一优势的企业处于一维，能够将企业核心竞争力提升为两方面的，处于二维……具有前瞻性眼光的企业家，懂得提升企业生命的维度，放大自身的格局，助推企业至高位地带。

当今时代行业竞争的真实写照是，无论哪个领域都不再是单维的拼杀，而是多维的竞争。过去，以技术、服务、产品等单方面的优势取胜的企业已经被市场所淘汰，如今的市场，需要的是在多个维度具有竞争力的企业。具备多维竞争力的企业，才能实现长远的发展。

✧ 维度进化，多维"铠甲"

从某种意义上来说，企业的突围之路，实际上就是企业维度的重新构建。新时代企业的发展就是维度的进化，站在原地，企业要么被颠覆，要么被市场淘汰。所以，锻造多维竞争力，企业才能在时代进程中不断突围。

一直以来，教育都是被资本追逐的行业。随着互联网的不断发展，线上教育行业借助前沿的科技手段来实现优质教育资源与广阔教育市场之间的均衡化配置，从而在市场中增长迅猛。

当一个行业成为资本市场所追逐的热点时，行业内部企业之间的竞争也势必进入多维度阶段，资本、渠道、营销、品牌等都将是每家企业竞相争夺的"战略高地"。以 K12 在线一对一教育领域的代表性企业海风教育为例，其在发展过程中打造多维竞争力，在线上教育行业中得以突围，领跑在线教育行业。

海风教育是一家一对一教育平台，自成立以来不断突破创造，以"科技＋教育"来打造属于自己的核心竞争力。近两年，线上教育市场发展迅速，越来越多的品牌涌入其中，海风教育感受到竞争的压力。为了不被蜂拥而至的众多品牌所淹没，海风教育开始聚力塑造多维竞争力，为企业塑造全方位"铠甲"。

2018年，海风教育在资本、师资储备、推广、技术等多个维度陆续布局。在资本层面，海风教育于2018年1月率先完成了由好未来集团、源码资本等领投的上亿元C轮融资。凭借着快速的融资，海风教育拉大了与其他品牌的距离，抢占赛道，牢牢占据市场的顶端。

在师资建设层面，海风教育借助新一轮大规模融资到位的资金优势，经过六层筛选，进一步充实了由国内各大名校和重点师范院校老师构成的师资队伍，形成了超万人的师资团队。师资力量不断增加，使得海风教育的市场份额大幅提升。

在技术层面，2018年4月，海风教育率先引入了业界首个投入实际教学场景的，以AI技术为主导的多维情绪识别、专注度分析与课程质量分析系统——"好望角"。随后，其在大数据系统、智能硬件、移动应用等方面推出了多款全新产品。

在推广层面，海风教育十分重视与优质媒体平台合作，以推广自身"科技驱动、因材施教"的品牌发展理念。2018年6月，海风教育独家冠名了湖南卫视推出的《少年说》节目；同年9月，海风教育与央视合作，成为央视《开学第一课》节目的特约合作品牌。

海风教育一系列的布局为其赢得了巨大的学员规模，截至2018年年底，海风教育智能学习平台的注册学员数高达700万以上，在线教培学员人数峰值超10万人次。海风教育从多个维度全面提升自身的品牌影响力，为自身建立了牢固的竞争"护城河"。

海风教育在激烈的竞争格局下，以创建多维竞争力，突出重围，成为线上教育行业的领跑者。对许多企业而言，单维竞争已经不再适应这个时代，如今已是崇尚多维竞争力的时代，企业从多个维度提升自身的实力才是竞争的核心。因此，在越发复杂多变的市场中，真正决定企业能走多远的，是企业的多维竞争力。企业要创建多维之力，打破定式，实现长远发展。

✧ 多变世界，多维视野

信息革命、商业革命突起，互联网商业开启了新的时代。人们曾经熟悉的线性、规律、可预测的世界变得陌生，互联网世界的迅速扩张逐渐颠覆了一直以来的秩序基石，企业摸不透经济的走向，也无法预估"偶然"的危机。在新的商业社会中，企业要应对多变的市场，就需要创建多维竞争力，从多个层次为自己构筑防御"铠甲"。而多维竞争力的创建需要企业管理者具有多维的视野，以多维的视野应对多变的世界。那么，企业管理者又该怎样形成多维视野呢？

其一，提升思维层次。思维层次是人与人之间的根本差异之一，思维层次高，思考得就高、远、深。面对问题，很多人会从一个理论即一个点出发，而思维层次高的人则会从多个理论，即一个系统出发。因此，企业家要摆脱线性思维，向增量维度看齐，从不同角度、不同理论、不同深度进行思考，如此，才会形成多维视野，对事物的判断才会更加全面精准。

其二，思考维度大于问题维度。企业管理者思考解决问题的维度要大于问题的维度，即可以从两种以上的角度去解决问题。例如，企业遇到技术人才流失问题，多数企业会选择从外部着手，以提升福利、工资等方法继续招收人才，而有的企业从多个角度出发解决这一问题，除了从外部着手之外，企业还会从内部着手，选择具有潜质的员工，对其进行技术培训，从而提升其能力，提高人才比例。

其三，穿越维度，站在顶层。在商业竞争中，企业以竞争对手为参照，增加对方没有的核心内容，或者减少对方的核心内容，在增加与减少中，企业都可以站在高位。这一过程的本质是企业穿越维度，站在顶层，掌握更多知识技术，掌控全局之势。当企业管理者掌控全局时，就可以清晰明确自身的资源，以及竞争对手的资源，从而形成多维视野，在多个层面抢占资源，提升多维竞争力。

中国经济的历史航船正在驶入波澜壮阔、别开生面的新时代。这一时代是新旧动能转换，高速度向高质量过渡，新兴市场突生的变革阶段，这于企业而言是机遇也是挑战。在跨越时代的当口，稍不留神企业便可能会折戟沉沙。因此，构建多维竞争力，形成多维格局，可以为企业"沉舟"侧畔而过提供保障，以全方位驱动，助力企业突围，实现长远发展。

第八章
突围之道，商业模式的革新

随着国内经济结构调整的不断深入，国内经济展现出蓬勃的活力，新商业运行规则正在不断发生演变，强大的新经济力量正在摧毁企业原有的商业格局，商业竞争也由产品竞争、技术竞争过渡到商业模式竞争阶段。企业在新经济的推动下，面临着运行模式的变革。在日益复杂的市场环境中，商业模式革新成为企业突围市场的关键因素，新商业模式的突围之路，将会为企业开创全新的商业利益格局。

企业要想打造成功的商业模式实现突围之道，就需要在不确定性的时代中，为消费者不断创造价值。与此同时，企业要依托创新意识与能力，转型升级，打磨产品模式，为自身寻求更多市场机会，使企业在商业模式竞争阶段获得先发优势和结构性竞争壁垒。

冲破迷雾，应对不确定的变化

曾经，一项战略企业可以适用五年甚至更久，未来，一项战略可能会出现"朝令夕改"的现象。曾经，企业在踏出第一步时，就可以预知第四步的情况，未来，企业在踏出第一步后，便不知第二步的落脚之处。曾经，企业是市场的掌控者，未来，市场是企业的掌控者。

在陌生的未来，确定性伦理已经崩解，在巨变的未来，不确定性充斥着世界的各个角落。在信号繁杂的市场之中，任何变化都充满了不确定性，不被预测。企业要生存就要在这不确定的世界努力寻求确定的机遇，从而冲破迷雾，拥抱未来。

✧ 确定的是不确定性

翻开厚重的企业发展史，在很多优秀企业的身上都曾上演着这样一幕悲剧：它们原本是某一领域的佼佼者，在市场中风光无限。突然之间，风云变幻，在它们尚未来得及去分析突变时，就被碾压在了历史的滚滚车轮下。

2008 年，占据手机市场近乎一半的诺基亚，在市场前景一片光明的时刻，却被从未做过手机的微软所颠覆，显得毫无还手之力。当移动通信时代来临之际，诺基亚成功发动并引领了一场移动通信的革命。2G 时代，诺基亚飞速成长，它每出一款新手机都代表着一次经典创新。作为曾经手机领域的"霸主"，诺基亚的巅峰时期风光无限。

然而，在手机市场发生转变，由功能手机向智能手机转型的时候，诺基亚却依然在坚守塞班操作系统，也正因此，诺基亚尚未看透市场变化就为市场所淘汰。诺基亚被微软收购时，其 CEO 奥利拉最后说了一句话："我们并没有做错什么，但不知为什么，我们输了。"

2016 年，曾经震惊了整个中国服装业的神话——凡客诚品，在服装电商依旧火爆之际，黯然离场。2007 年凡客诚品创立，借助互联网的发展，2010 年，凡客诚品的销售额高达 20 亿元，由此，凡客诚品在服装电商界扬名。随后，凡客诚品先后获得了 IDG、软银赛福、老虎基金等知名投资机构共 6 轮、高达 3.22 亿美元的投资。

就在所有人都认为凡客诚品可以继续占领市场的时候，令众人没有想到的情况发生了，原来急速成长的凡客诚品发展却急转直下。因看不透市场规律，凡客诚品错过了中国 B2C 电商发展的黄金年代，开始走向衰败，市场份额持续跌落，不知不觉间淡出了人们的视线。

2019 年，美国当地时间 4 月 29 日上午，刚被美国最具影响力的商业杂志之一的 Fast Company 评为"2019 年度全球最具创新力企业"的美国机器人公司 Anki 宣布倒闭。Anki 是一家成立于 2010 年，在硅谷备受追捧的机器人和人工智能领域的创业公司。2013 年，Anki 推出首款产品 Anki DRIVE（智能汽车玩具），这款产品一经上市，便登上了苹果全球开发者大会，2014 年，这款产品便迅速占据亚马逊畅销玩具榜第二的位置。2017 年，亚马逊玩具销售排行榜上，Anki 公司的 Cozmo 占据首位，Anki 这一年的收入已经接近 1 亿美元。

截止到 Anki 宣布倒闭之前，它已经卖出了 650 万台机器人，仅 2018 年 8 月，就卖出了 150 万台。这样的销量在众人的眼中，意味着 Anki 市场前景广阔，正在一步步成长、壮大。人们尚且在期盼着其能够推出更具创新与良好体验的产品，却等来了 Anki 突然止步于 2019 年 4 月的消息。

一切都始料未及，像 Anki、诺基亚这样的企业，在世界各地都存在，正值崛起之际，却在无法确定的变化中退出舞台。时代在变革，社会在发展，环境在改变，在这充满不确定性的世界中，一切都在进行着未知的变化。今天为企业带来诸多利益的优势，明天则可能成为企业继续前行的桎梏。不确定性为市场蒙上了一层朦胧迷雾，企业在迷雾中前行，本以为是康庄大道，却无法预料前面等待它的可能不是目的地，而是万丈深渊。

正如著名财经作家吴晓波在《激荡十年，水大鱼大》中所说的那样："今日的中国变得更加壮观，却也更加扑朔迷离。"我们看不透市场中风云莫测的变化，上一刻还风光无限的企业，下一秒便有可能陷入泥潭。这个时代的高速发展让确定性伦理分崩离析，消失得无影无踪。在这个时代，唯一确定的就是市场中充满不确定的变化，一切的一切都在不确定性的因子中搭建着前进的路。

企业在发展过程中总要面对市场中不确定的变化，但不确定性让众多企业陷入了恐慌，因为在它们看来只有牢牢把握住市场的走向，才更有底气前进。然而，不确定性无法改变，企业能做的便是努力在不确定的变化中寻找确定的机遇，在这巨变的世界中，以自身的智慧应对变化。

◇ 智慧颠覆，以变应变

如今，企业正处于第四次工业革命时代。在这个时代，技术高于一切，技术接管了一切，技术时刻改变着人们已知的事物。区块链、量子计算、AI、自动化，以及未知的新技术，都给市场带来了巨大的不确定性。那么，企业要想更好地应对市场中不确定的变化，看到未来的路，就应该做到以下几点。

第一，坚持组织架构变革。传统组织架构多为金字塔式，自上而下层层管理，信息传递时间长，市场反应速度慢。然而，如今全球信息化技术迭代发展、互联网日新月异，使企业信息交流沟通愈发没有障碍。

快速响应市场变化、整合信息对传统金字塔式的组织管理架构提出了较大的挑战，其很难适应市场中不确定的变化。因此，企业组织架构应该向扁平化、小微化、网络化进行变革，使组织内部信息整合迅速，以快速应对市场中不确定的变化。

第二，实行双业务模式。实行双业务模式是指企业在原有的主营基础上扩展新业务，这是应对市场不确定性的重要利器，可以保障企业在不确定性的环境中保持持续增长及转型。例如，在海尔的结构里有两种形态，即转型小微与创新小微。持续地转型与创新，不仅可以保障海尔传统业务和新业务的有效发展，还可以保障海尔及时应对不断变幻的市场。

但企业需要注意的是实行双业务模式，要做到两点：第一是保障主营业务的增长和盈利，不能因为转型出现下滑；第二是确定新业务后，必须全力以赴保证新业务可以成功。

第三，创建危机应对机制。企业要想更好地应对市场的不确定性，就要创建危机应对机制，用确定性的机制应对不确定的未来。为创建危机应对机制要建立一个组织，对不确定性变化进行梯队式的应对。例如，华为的铁三角组织就是一个成功应对危机的机制。在铁三角组织中，有人专门负责应对风险变化，有人专门负责执行原有计划，还有人在资金和人才方面进行风险把控。因此，企业在面对不确定的市场环境时，也要全面构建危机应对机制，以便在变化之际迅速做出应对决策。

第四，研发技术优势。市场的不确定变化对企业的发展提出了更为严苛的要求，企业的发展在一定程度上可以说是技术变革的产物，而技术变革则是技术优势的产物。为了适应当前局势，企业需要在技术上先人一步，保证企业的发展。企业可以通过对技术的研发来促进产品的更新迭代，以适应当前环境。

技术优势体现在两个方面：一是技术优势可以提高企业的生产效率，减少多方面投入；二是体现出产品的差异性，以此来吸引消费者的目光，从而取得市场优势。这两方面可以帮助企业凝聚更多的优势来应对市场中不确定的变化，最终助力企业在市场中突围而出。

第五，坚守大方向正确。不确定的市场环境让企业难以制定精密、严谨的战略计划，企业要想更好地前进，就要坚持发展方向和技术路线正确。对一个企业来说，商业政策的重要性不言而喻，企业的发展不仅受市场经济的影响，而且也会受到政府政策的影响。政府政策的转变在很大程度上影响着企业能否凝聚更多的突围之力，因此，企业要依据政府政策规划发展大方向。市场的变化不会脱离政府的规划，以政府政策为发展的大方向，企业才能更好地应对不确定性，实现突围。

这是一个不确定性为常态的时代，如果想在这样的新时代环境下持续发展，突破市场的迷雾，企业就需要清醒地认知和对待不确定性，从以上五个方面来入手应对市场中不确定的变化，以变应变，保持企业持续增长。

没有一条既定的路，可以助力企业走向百年；也没有一种永恒的模式，可以让企业常胜不败。市场中无法确定的变化总会在不经意间冲击着企业稳健的步伐，因此，企业要时刻警惕，坚持创新，如此，才有可能在不确定性的迷雾中突围，看到更广阔的天空。

创造价值，成为消费者的选择

虽然市场环境的不确定性为企业带来了诸多不可预知的情况，企业需要进行不断的创新与变革来应对不确定的变化。但可以确定的是，企业在前进的过程中，唯一不变的是为用户创造价值，满足用户的真实需求，这是企业不容改变、必须坚守的原则。只有持续创造价值，企业才能真正地获得消费者的青睐，成为消费者的选择，进而在市场中实现蜕变。

✧ 价值创造，生存之道

企业要想在日益激烈的市场竞争中生存下去，首先要做的就是保证企业持续运营，而持续运营的重要因素是企业成为众多消费者的选择，以提升销量，抢占市场份额。然而，如今市场的消费需求呈现多元化、个性化趋势，消费者对产品的要求愈发挑剔，尤其在如今产品供应充足的时代，如何更好地进入消费者的消费选择圈成为每个企业思考的问题。

今天，人们不再关注一家企业的大小，而是关心这家企业的市场影响力。纵观企业成长史，国内近几年出现的众多具有影响力的企业，成功之处都在于它们为用户创造了巨大的价值，进而拥有千万用户，成长为大型的企业。例如，腾讯、阿里巴巴等企业之所以能够发展为行业巨鳄，原因便在于它们为用户创造了足以改变生活方式的价值，它们深刻地影响着整个世界，甚至时代的更迭。

由此可见，为用户创造价值，是企业进入消费选择圈的核心要素。企业作为一个经济体，其核心职责就是通过提供优质的产品和极致的服务，为用户创造价值。企业为用户创造的价值越大，被消费者选择的机会就越大，进而企业在市场竞争中胜出的概率就越大。所以，创造用户价值是企业经营的本质，是企业经营的出发点，也是落脚点。

对于企业而言，能持续地为用户创造价值是其获得长期发展的基石。那些刚刚进入市场的企业，想要后来者居上，为用户创造价值是必然的选择，而为用户创造价值要从三方面出发。

第一，创造基础价值。企业首先要为用户创造具有基础使用价值的产品，满足其最本质的需求。例如，餐厅创造的最本质的价值是满足用户果腹的需求，手机创造的基础价值是满足通信需求。创造基础价值是企业发展的根基，只有在满足了用户本质的需求后，才可以创造其他价值吸引用户。

第二，创造功能价值。根据马斯洛需求层次理论，人在满足生存、生理等基础性需求后，还需要满足自己对健康、安全等的功能性需求。因此，企业其次要创造的是功能价值。例如，餐厅在创造了果腹这个基础价值后，就要考虑卫生安全、健康等用户需求，从而创造出功能价值，为用户提供安全、健康的饮食。

第三，创造精神价值。在用户体验大行其道之际，精神需求同样成为用户选择产品与服务的重要标准。企业最后要做的便是重视精神价值的创造，满足用户对某种情感或者精神上的追求和美好向往。例如，耐克以

"Just do it" 创造一种自我的精神，而这种精神与当下年轻人追求自我的意识相契合，从而令无数认可该精神诉求的用户对其青睐有加。

企业作为市场中的一个经济体，其发展核心便是通过为用户提供优质产品和极致服务，为用户创造价值。产品是为用户创造价值的载体，服务是为用户实现价值的过程。为用户创造的价值越大，企业被用户选择的概率便会越大。在此基础上，企业便能具备更大的优势，在不确定的市场变化中占据优势，率先突围。

创造价值是企业的生存之道，在商业环境多变的不利因素下，企业要以创造价值挖掘发展的肥沃土壤。创造价值是企业成为消费者的选择，拥有用户，不断成长的制胜基因。

◇ 价值引领，铸就使命

当下，中国企业正在对世界产生重要作用，各领域在持续前行中都出现了一些已经走在世界前端、创造巨大价值、产生深远影响的企业。新时代背景下，中国企业创造价值的能力愈加凸显，陆续出现了能影响消费者内心的产品和品牌。它们不断渗透进消费者生活的方方面面，为其创造着大大小小的价值。

尤其是随着人们对安全方面需求的提升，众多企业纷纷入局安全领域，为用户创造着安全价值，并以价值为引领，铸造安全使命。北京澎思智能科技有限公司（以下简称"澎思科技"）就是一个布局公共安全领域，为社会创造安全价值，并以此为着力点，铸就成长使命的后起之秀。

澎思科技成立于 2018 年，是一家专注于计算机视觉和物联网技术的人工智能安防初创公司。其以计算机视觉技术为突破口，深耕安防等垂直行业，根据用户需求，分析场景，致力于为公共安全各领域提供 AI+ 安防的软硬件产品解决方案。它通过自身的产品为社会创造出了巨大的安全价值，为城市生活提供了安全保障。

澎思科技从成立之初就要求所组建的研发团队，必须拥有人脸识别、行人检测、视觉分析、自动驾驶等计算机视觉全栈能力，软件团队的产品化和服务能力达到全行业最佳。澎思科技既拥有顶尖的计算机视觉技术能力，又对安防行业有着深厚的积累和认知，专注 AI 技术的产品化，希望做真正符合安防行业需要的产品。

当前，澎思科技已经面向公共安全各实战场景和行业、商用领域，完成了从端到端、软硬件到算法的全系列自研产品体系搭建。其针对公共安全领域的公共安全、智慧社区、智慧园区等各类业务场景推出了包括 AI+公共安全、AI+智慧社区、AI+智慧园区、AI+智能交通、AI+智能制造等细分场景的解决方案。

澎思科技创始人马原表示，未来，澎思科技将不断夯实安防行业主航线，加深行业认知，针对用户需求深挖场景，重视产品、服务落地，真正利用 AI 技术创造价值，为社会公共安全领域提供更加智能的安全保障。

澎思科技为社会公共安全创造价值的行为获得了众多投资机构的认可。2018 年 9 月，其获得洪泰基金领投的千万元级别天使轮融资；2019 年 1 月，由 IDG 资本领投，高捷资本、上古资本、洪泰基金跟投的数千万元级 Pre-A 轮融资顺利完成；2019 年 4 月，澎思科技完成了第三次融资，即由富士康、360 等产业资本联合投资的 A 轮 1.5 亿元融资。

价值在于创造，更在于引领。澎思科技为社会创造出智能安全价值，而在创造价值的背后，是其"为社会生活带来安全感"的使命。凭借着创造出的安全价值，凭借着对使命的践行，澎思科技从行业中突围而出，成功绽放。

企业需要意识到，最伟大的成功是承担起社会责任与使命，为用户创造价值只是企业成功的一个节点。在触手可及的未来，企业需要以价值为引领，铸就使命，持续创造更大的价值。

◇ 价值之路，有所作为

创造价值是否成功，不在于价值本身是否新颖、巧妙或是具有经济内涵，而在于它是否能帮助企业赢得市场，获得消费者的青睐。这个问题的关键在于，企业能否像华为那样，将所创造出来的价值运用到市场和企业的发展中去，是否为用户创造了全新的价值。

在如今科技日渐渗透到生活方方面面的背景下，用户对企业开始产生依赖性，可以看到，今天国内能够影响世界的企业，其迅猛发展都是源于它改变了人们的生活，为人们创造出了不可替代的价值。用户在享受价值的同时，对更多的企业产生了期待与依赖性。因此，为了满足用户的期待，企业要在价值创造当中有所作为。企业如何在价值创造中有所作为呢？

第一，不要局限于原有的市场，一定要创造最新的需求、最新的市场。以往企业是满足顾客需求，今天是创造顾客需求，这是最大的变化。如果仅仅满足顾客的需求，市场中的机会并不多，当企业创造顾客需求的时候，机会是无限的。

第二，不要走"同质化"之路。随着互联网、信息技术的高速发展，市场中产品同质化问题日益严重。对于企业而言，"同质化"注定死路一条。因此，企业在创造价值过程中，要实行差异化战略，避免走上同质化的道路。

第三，知识比以往更为重要。知识驱动和知识本身会成为更多价值创造的来源。企业跟知识有多大的关联度决定了企业自身能够创造出多大的价值。因此，企业要想在价值创造中有所作为，知识转型是企业的未来之路。

第四，避免"鸡肋"功能。为用户创造价值就意味着产品功能具有实用性，如此，才可以满足用户实用本质的需求。但是，如果企业一味追求

"花样"，而忽视产品的使用功能，便无法为用户创造真正的价值。这样的产品只能在初期满足用户一时的新鲜感，之后就会被用户抛弃，并不能实现长久的销量增长。

第五，优化资源配置。随着更多企业涌入各行各业，行业内的部分资源相对减少。所以，企业想要在行业中突围而出，就需要进一步优化资源配置。企业不仅要将现有的资源进行优化配置，而且要集聚新的资源。在新旧资源的合理配置下，创造出更多可以吸引消费者的价值。

行业巨鳄影响着世界，也影响着同行业的各个企业。面对行业巨鳄带来的无形压力，企业要生存就要努力突围，而为用户持续创造价值就是其突围的利器。企业要用全新的知识、全新的价值体验向人们诠释价值创造的真谛。一家企业最重要的是能够面向未来，面向未来真正要做的是回归到价值本身上来，回归到价值创造上来。

发展机遇，创新的意识与能力

2018 年年初，大润发创始人黄明端辞职。数月之后，大润发六名高层管理人员也先后离职。大润发高层大换血，再也不是当初那个"19 年不关一家店"的传奇商场。大润发作为零售行业中的佼佼者，却因为创新乏力，输给了时代，跌下了神坛。

"惟进取也故日新"。创新是时代赋予企业的使命。随着中国经济发展进入新常态，商业模式不断进化，未来正在改变。如果企业不想止步于现在，就需要具有创新意识与能力，以创新博未来，以升级赢发展。

◇ 创新是未来之翼

当今世界已经步入知识经济时代，知识经济发展速度逐渐提升，甚至出现知识爆炸现象。当下，知识正不断助力经济的发展，已经成为或正在成为企业最重要的生产要素。随着知识经济的运转，知识转化率不断加快，进而使得科学技术转化为现实生产力的周期不断缩短。但随着信息变化速度加快，知识失效的速度也在不断加快。

如果企业不建立有效的知识创新机制，不学习掌握新的知识，将难以在激烈的市场竞争中生存，更难获得快速的发展。所以，日新月异的知识经济和激烈竞争的市场经济强烈要求企业不断进行知识创新。

从世界500强企业的变化趋势看，科技企业正在不断占据前列，由此可见，科技水平成为企业核心竞争力的重要因素，企业必须从更高的战略格局来认识技术创新。无数事实证明，科技创新能力的差别，导致了企业竞争力和企业在市场中地位的变化。因此，自主创新技术是企业发展的"命门"，可以提升企业适应市场变化的能力。企业必须在核心技术上不断实现突破，掌握更多具有自主知识产权的关键技术，掌控产业发展主导权。

科技创新为企业发展提供助力，但随着企业的不断转型升级，管理也逐渐成为企业发展的另一大助力。管理意在整合企业内部资源，加强员工执行力，提升运行效率。如今，传统的金字塔式管理模式已不再适应企业的发展，管理创新是帮助企业在市场竞争中占据优势地位的必然选择。企业必须尽快创新自身的管理体制，适应现代企业管理制度的要求，才能在竞争中站稳脚跟，在竞争中实现突围。

知识创新、科技创新、管理创新是支撑企业参与市场竞争的重要因素，除此之外，还有其他方面需要企业逐步突破禁锢，建立创新机制。新的形势咄咄逼人，新的机遇稍纵即逝，新的竞争不进则退。创新是企业的未来之翼，能在企业陷入困境之际为其创造发展机遇。在这个变革的时代，企业必须认清形势，把创新真正作为企业生存发展的动力，才能有所作为，乘势而上。

✧ 以创新铸造新引擎

创新是企业发展的最原始的推动力，那些企业之所以能够成长百年，是因为其自创建之始便从未放弃过创新。企业发展要有大格局，以大勇气，大智慧，大视野，创新企业发展机制，调整发展战略，不负这个伟大的改革时代。

宁波方正汽车模具有限公司（以下简称"方正模具"）成立于1999年，是一家主营汽车内外饰模具、精密模具、吹塑模具等系列产品的国家高新技术企业，也是中国大型注塑、吹塑模具的重点骨干企业。

方正模具在汽车吹塑油箱模具领域已经成为国内和亚洲最大的供应商，产品近三年全球市场占有率稳居前三位，并进入全球一流汽车部件企业的供应链体系。2019年，方正模具列入宁波市第二批制造业单项冠军示范企业。

在这斐然成绩的背后，是方正模具对研发创新的坚持，打造出自己的内核竞争力。方正模具在长期发展过程中对企业内部组织架构进行创新，打破了模具组长承包制，用现代工业流程化生产的模式规范了模具生产过程，使生产效率得到较大提高。方正模具始终坚持以研发创新为核心，通过"自主研发创新＋外部合作创新"不断提升企业技术研发创新能力。

此外，方正模具为了营造企业内部良好的创新环境，促进创新产品的产出，设立了"创新奖"。员工在模具的设计和制作上有了创新，方正模具便会对该员工给予相应的奖励。基于这样的创新环境，方正模型拥有着令人羡慕的科技成果。据不完全统计，方正模具仅发明专利就有17项，实用新型专利31项，并被评为"浙江省专利示范企业"。

不断寻求自我的突破，是方正模具在发展过程中最内核的东西。通过创新工艺、创新技术，方正模具成为世界一流的汽车模具供应商。不仅仅是方正模具，在市场中活跃的众多企业都在向着创新奔跑，菜鸟网络科技有限公司（以下简称"菜鸟网络"）同样以创新塑造发展新引擎。

菜鸟网络是一家聚焦物流领域的企业，但它并不是一家快递公司，而是一个定位为"以数据为驱动力的社会化协同平台"。在菜鸟网络成立之前，国内外的物流领域并没有类似的公司，可以说整个菜鸟网络的运营和商业模式，本身就是一种创新。

菜鸟网络在成立之际便做出了清晰的定位：快递公司能做的，菜鸟网络不做，快递公司不能做或者暂时做不到的，菜鸟网络来做，从而最终达到提高效率，降低成本，改善用户体验的目的。因此，菜鸟网络一直在进行技术创新，以便解决传统快递企业和商家面临的效率和成本的问题，希望让整个物流行业转向数字化。

2018年11月，菜鸟网络通过技术研发，研制出视频云监控系统"智慧天眼"。这意味着全国各类物流场站内的百万个摄像头，将从简单的监控回溯设施升级为智能感知设备，从而提高站内流转效率，节约成本。

菜鸟网络制定的五大战略方向之一的菜鸟驿站，是一个由菜鸟网络牵头建立面向社区和校园的物流服务平台。菜鸟驿站为网购用户提供包裹代收服务，致力于为消费者提供多元化的"最后一公里"服务。为了让用户在菜鸟驿站中的取件更加便捷、安全，2019年3月，菜鸟网络通过技术创新研制出智能柜的刷脸取件功能，国内所有带摄像头的菜鸟驿站智能柜均可以刷脸取件，用户可以在柜子上自主选择、授权，使用刷脸取件功能。

无论时代怎样变化，创新永远是不变的主题，唯创新者进，唯创新者强，唯创新者胜。创新是企业进步的灵魂，是企业发展的不竭动力，以创新铸造新引擎是企业市场博弈必备的能力。

◇ 创新锦囊，助力飞跃

企业如果想取得长久的发展，就需要审时度势，跳出惯性思维，培养创新意识与能力，在提升创新能力的过程中不断进步。企业只有不断创新，专注打磨自己的技术，才能长久立足于市场。但是，企业的创新不是盲目地进行研发，要注意以下几点原则。

第一，从理念开始创新。如今，创新已经成为企业热议的话题，很多企业虽然高举创新的旗帜，然而却丝毫没有创新的成果，其根本原因便在于理念缺乏创新力。要创新，首先理念要革新，革除旧有落后思维模式，以新的视角、新的方法和新的思维模式，形成新的结论或思想观点，进而指导创新实践。

第二，从企业实际出发。创新源于企业发展的实际，任何脱离实际的创新都是"纸老虎"。企业推行创新就要立足自身发展的实际，利用企业现有的资源进行各方面的创新升级，不急不躁，一点一滴推动创新升级，实现从量变到质变的飞跃。

第三，以用户为基础进行创新。对于企业而言，用户是其存在的根本。企业在进行创新，尤其是进行产品技术创新时，要了解用户的潜在需求，发现市场"空白地"，以创造用户价值为着力点进行创新。如此，企业才可以避免不实用的创新，结合市场情况抢占市场先机。

第四，对技术知识进行创新。现如今的时代是快速发展的时代，也是知识经济的时代。技术知识对企业发展的推动作用越来越大，已经成为企业最为重要的生产要素之一。企业在进行技术知识创新的时候，要根据市场的变化对企业的经营战略、内部管理、生产技术等多方面进行创新，提高企业的综合实力。

第五，对管理思维进行创新。随着时代的发展，企业的管理思维必然也会发生变化。过去形成的"一言堂"的管理决策、"皇帝的女儿不愁嫁"的经营理念，都影响并在一定程度上阻碍着企业的发展。管理思维的创新可以帮助企业摆脱旧有、落后的思维，建立全新的管理思维，比如建立企业形象、全面质量管理、树立品牌战略意识等，帮助企业取得整体优化效益。

企业要想突破发展瓶颈，创新是最好的利器。创新是未来，是担当，是财富，创新在于改变，在于从传统的禁锢中突围。企业在创新之际，不要忧虑，不要畏缩，要勇于尝试与实践。只有在实践中，企业才能摸索出真正适合自身发展的创新之路，在一日千里的商场浪潮中，才能立足潮头，实现飞跃。

转型升级，重塑价值驱动突围

如今，各种前沿、高端技术正在渗透人们的生活，以云计算、大数据为代表的技术革命正引领人类社会加速进入一个新的发展阶段。而在时代发展中，客户与消费者需求不断更迭，消费升级、商业模式变革层出不穷，愈发复杂的商业世界带给企业无限的挑战。

在这效应叠加的市场中，企业必须清楚地认识到，如果无法紧跟时代发展，将会被抛下，被后来者替代。要想突破桎梏，继续在市场中存活，企业就需要明白转型升级势在必行，必须通过转型升级增强核心竞争力，以重塑价值驱动突围之力。

◇ 转型之本，价值再生

在市场变革中，经济是企业的一大支撑力，经济增长为企业提供发展动力。企业经济的增长除了依靠外生因素外，还需要企业通过人力、资本、制度等内部因素实现。而这一系列内生因素发挥作用则需要企业依靠转型升级，重塑内部价值。

企业转型升级在国内已是显学，尤其是近两年，"互联网+""算法""人工智能"等热词席卷了整个商业界，越来越多的企业感受到了新概念带来的冲击，这一切都在提醒着企业，新一轮的转型升级正在发生。

几乎所有的企业都处在转型升级的变动之中。然而遗憾的是，在新概念门口徘徊的企业不断增多，而真正步入其中，成功实现转型升级的企业却少之又少。企业应该懂得，转型不是阶段性的任务，而是长期的、持续的过程。转型升级的过程是不稳定的，在不确定性的时代，企业要在持续变化中寻求确定，因时代而变，持续不断地转型。

对于企业而言，一次转型就是一次涅槃重生。转型升级的驱动力在于创新商业模式、管理模式、资本模式等，以改变系统工程，重塑企业内部价值，实现价值再生。

桑德集团有限公司（以下简称"桑德集团"）是一家著名的大型专业性环保、新能源企业。在创立之初，桑德集团以工业废水处理为主。在工业废水领域做得风生水起之际，桑德集团看到了市场更为广阔的市政污水处理领域。于是，桑德集团打造了肖家河污水处理厂样板工程，为业界之后的污水厂建设与运作模式提供了重要借鉴。

桑德集团还发起了"中华碧水计划"，让污水处理第一次大规模走进社会的视野，桑德集团也因此成为行业的领先者，推动了BOT模式在国内环保产业中的发展。此外，桑德集团还在固废处置等传统环保领域不断前进。

然而，随着国家对环保事业的重视，政策也几经变化，传统环保领域的竞争愈发激烈，无数传统环保企业被新生环保企业替代，桑德集团也面临着退出市场的危机。桑德集团总裁文一波认为传统发展模式已经不再是中国环保企业的最好路径，客观环境的独特性决定了中国环保企业的走向。要想在当下的市场环境下求生存、谋发展，就必须转型升级。于是，桑德集团开始转型谋求新生，翻开了新的发展篇章。

桑德集团从固废处置领域延伸到环卫清扫，拥抱"互联网+"，从原来传统的环保模式转变为环卫＋垃圾箱管理＋公厕管理＋广告经营模式。另外，桑德集团依托互联网技术，创建O2O体系，搭建再生资源服务平台，进而形成供应链金融服务，将再生资源扩展为最大的交易平台。

同时，桑德集团积极布局新能源领域，以锂电池技术为突破口冲进了这一领域。而在切入新能源领域的短短几年时间里，桑德集团实现了快速发展，不仅积极布局上下游产业链，迅速打开局面，而且不断开拓动力锂离子电池、电驱动系统、智能电池管理系统iBMS、泊车充电云平台、互联网＋电池回收、动力电池梯级利用、废电池材料再生等核心零部件业务，在新能源板块逐渐实现了全产业链闭环。

桑德集团的转型升级之举不仅使其突围困境，而且使其经济呈线性增长。2019年5月，桑德集团更是与广汽新能源汽车有限公司举行了战略合作签约仪式。至此，桑德集团在新能源领域的布局更加深入、全面，企业发展也渐入佳境。

始于环保却不止于环保，一路走来，桑德集团不断进行转型升级，重塑内部价值。从互联网环卫到循环经济，从动力电池的生产商，成长为新能源汽车产业链条上的重要力量，再延伸至智慧出行，桑德集团以转型之力跨出环保领域走进新能源领域，成为一家提供更多高质量服务的综合型企业。

仔细研究桑德集团的突围与发展之路便不难发现，转型升级是企业在发展阶段必须要经历并完成的一个重要环节。不转型，企业无法发展；不升级，企业无力突围。企业要以转型升级推动企业高质量发展。

在每一次商业浪潮的袭击下，总会有无数企业转型成功，顺利突围，但也会有无数企业在这场浪潮中湮灭消失。其实对企业而言，转型升级不仅仅是为了应对市场的困局，也是为了促进企业的价值再生。

◇ 走出误区，走向未来

大千世界，物质的轮回不断进行，如春夏秋冬。企业转型升级也在轮回中，有盈与亏、进与退、兴与衰。"不转型等死，转错型找死"这句话深刻道出了对企业转型升级之路的深彻感悟，很多转型升级中的企业因跌入误区，由盛转衰。

曾被誉为"光伏界微软"的无锡尚德太阳能电力有限公司，是政府孵化企业的成功典型，却因在转型过程中步入误区，在不到三年的时间里背负 33.16 亿元的巨额债务，进入破产程序。

美特斯·邦威曾因"不走寻常路"成为中国服装业的独秀，在"互联网+"的转型升级之路上不断试错，却因转型路线不明确等原因，在转型中变得岌岌可危，最终黯然收场。

新时代的到来，让诸多企业感觉到了危机。企业开始纷纷转型，以图在危机中保持实力，突围而出，并可以在后期厚积薄发。但是，仍旧有很多企业为了实现高速发展，选择投身风口，盲目转型，结果只能是事与愿违，狼狈收场。

众多企业转型升级中的痛苦体验，在警示着其他企业转型升级并非一朝一夕之事，不能一蹴而就。企业要在不断总结经验中，寻找自身转型的未来，力争避免踏入转型误区。那么，企业转型过程中存在着怎样的误区呢？

误区一：转型就是转行。

很多企业在转型升级过程中认为转型就是转行，就是放弃本业，投身热门行业。过去几年，每当一些行业蓬勃发展起来，就会有不少企业闻风而来，投身其中。因此，常常会出现原来做实体经济的企业，抛弃了自身立足的业务，转而去做金融与投资，或者互联网项目等，结果是惨遭失败，退出市场。所以，企业要避免转型就是转行这一思维误区，在转型升级过程中仍要立足自身优势业务，进行改革。

误区二：转型就是寻找风口。

很多企业认为转型升级必须借助风口，风来了，借助风势就可以实现飞跃。借势思维是企业应该具备的思维，顺应趋势是企业应该具备的能力，但这并不意味着企业可以幻想着依靠风口，一夜暴富。不是所有的风口都适合企业发展，企业在转型过程中要审视自身的发展与风口的契合度。此外，企业还需要进行战略规划与方向定位，以此为基础，借助风口转型，企业才可以跃进蓝海。如果企业仅是怀有"赌运气"的心态，必然会被时代抛弃。

误区三：转型可以一招搞定。

转型没有独门秘籍，不是一招一式就可以完成的。企业转型需要一段持续的时间，要求企业在转型过程中具有系统的思维，了解转型背后的本质，并抓住关键因素。同时，企业还要结合自身的实际情况进行转型。企业不要希望一招就可以完成转型，转型是一个长期、持续的过程，企业只有不人云亦云，不急不躁，一点一滴地进行改革创新，才能实现真正意义上的转型升级。

"转型升级"一直是企业发展进程中的热词，纵观国内企业转型升级40年的脉络，每一个时期都有不同的重点，每一个时期都有不同的结果。然而，无论结果好坏，在时代更迭、商业环境变幻莫测的背景下，转型升级仍是如今很多企业所要面对的选择和所要经历的道路。企业要积极进行转型升级之战，通过重塑价值不断突围。

人本设计，深耕商业模式载体

商业模式的设计与形成是一个动态的变化过程，需要企业在不断地试错中积累，在不断地积累中调整，在不断地调整中使之趋向最佳。在这个过程中，企业必须以人为本，深耕商业模式的载体——产品模式。

产品模式在商业模式的构建与设计中起到了重要的桥梁作用。正所谓："九层之台，起于累土；千里之行，始于足下。"打好产品模式这一基础，企业才有可能顺利找到最佳的商业模式，从严峻的市场环境中突围而出。

✧ 建产品模式，提升企业价值

产品为水，载企业之舟；企业为舟，乘客户之需；客户为本，溯产品之源。企业的一切发展离不开好的产品，更离不开正确的产品模式。那么，什么是产品模式？

所谓产品模式，并非单纯指产品本身，还包括企业围绕产品提供的一系列包装和运营服务。例如，餐厅中常见的排列组合模式，制造加工型企业中常见的一体化解决方案模式，互联网企业中常见的平台模式，等等。

通常，企业在设计产品模式时，需要考虑以下几个问题：企业提供的产品或者服务是否具有独特的价值属性、能否强有力地震撼并黏住目标客户；产品与客户之间、产品与产品之间能否构成良性互动；产品是否触及客户的痛点、能否解决目标客户的实际需求。

许多企业中经常会出现混淆产品模式和营销策略的现象。产品模式和营销策略属于完全不同的层次。从战略理念高度分析，产品模式的设计应优先于营销策略的构建。将产品模式等同于营销策略中的产品组合环节，不仅会使企业陷入营销思维的误区，而且会造成产品模式不稳定、不持续，最终损害企业自身的价值和利益。

一些投机取巧的企业想凭借利诱客户、夸大宣传等营销手段创造商业奇迹，殊不知这样做恰恰为企业埋下了失败的祸根。靠着不当营销手段上位的产品，固然能收获短期的喝彩，但没有独特的客户价值，就不能形成长久的产品互动模式，也就不能真正让客户满意并忠于这个产品，以及提供产品的企业。

因此，企业在设计产品模式时，应从企业定位和未来战略发展的高度、从提高客户价值、增加利益相关者收益的角度来进行思考和决策。跳出营销思维的局限，克服狭隘的竞争心理，以提高产品的市场价值为出发点，企业才能形成更好的商业模式，从而避免昙花一现的结果。

◇ 耕产品模式，破合围之势

当市场竞争愈加激烈，当发展遭遇困境，当固有的商业模式渐渐失效，企业该如何做？重新设计更加合理的产品模式无疑是一个正确的选择。深耕产品模式，进而设计出崭新而令人激动的产品模式，将有利于企业打破合围之势。

近几年来，随着消费主体的变化，品牌集中度不断提高，不少卫浴企业倍感焦虑，无所适从。然而，成立于 2006 年的迪尔雅卫浴却大放光彩。在"2018 卫厨品牌年度评选"活动中，迪尔雅卫浴荣获"2018 全卫定制年度优选品牌"；在 2019 年的上海厨卫展上，迪尔雅卫浴的整木定制再次收获无数好评。

凭借着对产品模式的深耕和优化，迪尔雅卫浴成功从竞争愈加激烈的卫浴市场中突围而出。迪尔雅卫浴从客户出发，分三步优化产品模式，赋予了产品模式更多优势和亮点。

产品模式亮点一，降低定制时长。交付期限过长，是定制行业的通病和顽疾，也是目标客户的痛点之一。迪尔雅卫浴着力解决这一问题，从接单，到生产，再到销售给客户，迪尔雅严格把控每一个环节，提高企业生产和管理效率，在实现"0 库存"的同时，大力压缩了产品定制时长，让客户在最短时间内拿到自己需要的产品。

产品模式亮点二，为客户提供量身定制服务。为使客户更加满意，迪尔雅卫浴致力于构建产品与客户间的互动机制，以客户需求为核心，依据客户的个人喜好和家庭装修风格，为客户量身定制浴室柜，使客户不用再为卫生间色彩搭配混乱、视觉效果差、空间利用率低等问题而苦恼。

产品模式亮点三，定位环保，升级目标市场。迪尔雅深入贯彻落实环保策略，采用安全性高、环保系数高的国际大品牌涂料及油漆，还在工厂设置专门的排污池，将废水化解掉再排放，将环保从口号变为实际行动。同时，迪尔雅卫浴还将环保定位为产品特色，将自己的目标市场升级，从而减少了与部分非环保品牌之间的竞争，提高了行业影响力和市场竞争力。

设计产品模式就像打扑克牌，没有固定的出牌套路。企业要做的，就是围绕市场需求和客户需求，灵活组合自己手中的牌，使其发挥最大的效益，进而赢得胜利。

◇ 消费者为本，人性化设计

好的产品模式能够突出产品的特点和独特的价值优势，使产品定位更加深刻化、价值更加扩大化，从而提高产品对目标客户的吸引力，使其在同类商品中脱颖而出，同时还能帮助企业优化资源配置，抢先占据市场优势地位。因此，产品模式的设计对企业发展至关重要。

然而，能生产出优质产品、提供优质服务的企业有很多，拥有好的产品模式的企业却很少。忽视产品模式的设计，是很多企业发展缓慢的症结所在。成功的产品模式应该以消费者为本，从人性化的角度进行设计，具体说来，需要满足以下三个要求。

第一，切中目标客户的痛点。企业生产产品、提供服务，目的是满足客户的某种需求并让客户购买。因此，企业首先应该做的，就是了解目标客户群体的需要，抓住目标客户的痛点，这样才能打造出成功的产品模式，生产出具有市场竞争力的产品。

企业总是希望可以打造出"爆款"，吸引更多的消费者，但最终成功的却寥寥无几。导致该现象出现的主要原因就是企业盲目追求"爆款"，脱离现实，忽略了目标客户的需求。因此，企业要想在市场中以产品和服务突围取胜，就要深入了解目标客户的需求，根据客户需求生产产品，同时也可对其进行适当创新。

第二，产品与产品之间、产品与客户之间要存在一定的互动或者联动机制。成功的产品模式中，一定包含着协同和联动机制。它可以通过一个产品或者一项服务获得大量的客户信息，再根据信息为这些客户推荐其他产品和服务。

很多时候，消费者自己也不清楚自己到底需要什么，什么才更适合自己，而企业在茫茫人海中成功接触到目标客户也非易事。产品模式中的联动机制，能在消费者和企业之间建立一座桥梁，一方面能给消费者提供更多选择，另一方面也能使企业搜寻客户的成本降低，给企业带来更多商机，一举两得。

第三，产品要有自己的定位。产品定位是企业实现市场突围的有力工具。企业在设计产品模式时，可以针对自己的目标客户群体，提出具有竞争区隔性的独特价值主张。这种主张可以在适当的范围内超出产品本身的功能和性质。

表达价值独特性有很多途径，包括从社会身份、地位的象征，人文关怀，情感诉求等入手。例如，迈巴赫和保时捷这两种汽车，它们的产品定位已经不是普通的交通工具了，而是一种豪华生活的标志。这种竞争区隔式的产品模式设计，突出了迈巴赫与保时捷的独特价值，也使它们的消费群体更加明晰，从而避开了与普通品牌汽车的激烈竞争。

总的来说，产品模式设计的关键在于对目标客户消费心理和消费需求的把握，企业要尽可能地从"人"的角度出发，为客户设计更加人性化的消费途径，创造更好的消费体验。这才是商业模式成功的真谛，也是企业突围的重要动力。

第九章
致敬时代，再创未来

　　时间机器呼啸而过，吞噬了旧有的一切。旧时代终究似东流的江水，一去不复返；新时代则吹奏着奋进的号角，大踏步而来。在新旧时代的不断更迭中，人类去向更远的未来。

　　我们正处在一个意义重大的历史时期。改革开放已经走过了跌宕起伏的第一个40年，并迈入了一个新的时代。我们正处在一个充满挑战的历史时期。单边主义迷雾笼罩，民粹主义时时袭扰，贸易争端壁垒有待解决。我们正处在一个涌动着无限可能的历史时期。在新一轮的改革开放面前，中国依旧表现得自信而从容。

　　在这个特殊的历史时刻，我们要停下脚步，向时代致以崇高的敬意。我们要立足当下，追溯过往，从中窥得发展奥秘；我们要对未来翘首以盼，以匠心共创美好的未来。

一个伟大的时代

2018 年 2 月 27 日，改革开放 40 周年之际，TCL 集团股份有限公司（以下简称"TCL"）在全国十大核心媒体（如《人民日报》《中国日报》）上同时刊出了号召——TCL 向伟大时代致敬。短短两天之后，3 月 1 日，这一号召同步点亮了北京京信大厦、上海花旗银行、香港维多利亚港、纽约纳斯达克大厦等国内外 11 个城市的地标性建筑大屏。

这两个组合动作表明，成立于 1981 年的 TCL，一以贯之地将自身的发展与时代紧密相连，并不断强化企业自身发展与时代之间同频共振的关系。毫无疑问，时代改变了像 TCL 这样的一众企业。反过来，这些企业也成就了时代。

✧ 乘风破浪，誓与时代同行

"灰白的太阳终于费力地钻出薄雾，把它那毫无热气的光线投射到这个巨大城市的每一个角落——拥挤的楼房、狭窄的棋盘式街道和蠕动的密集人群中。"这是 1978 年冬天北京的一个清晨。

地点转移，年份和季节不变。一个冬夜里，在安徽省凤阳县小岗村，一张破旧的薄纸片，18枚鲜红手印，托孤求生、立誓为盟，小岗村人的敢做敢想敢为人先之举，不仅使其在次年迎来了大丰收，结束了吃国家救济粮的历史，而且象征着中国历史从这里开始转身——实行改革开放政策。

"改革"与"开放"绝不是两个简单的名词或动词，它涉及每个人生活的方方面面。它不呆板，而是活生生的；它不风平浪静，而是波澜壮阔的。

回望改革开放之初，希望与不确定性同在，当下与未来均不可知。身处时代的洪流之中，每个人都无法闪躲。有的人被裹挟着向前，心却还停留在原地；有的人则努力与时代同行，创造出了一番新天地，将无数个不可能变成了可能，并不断挑战着下一个不可能。

于是，蒙昧之中，一批民营企业家带着惶恐而又期待的情绪，开启了一段"破壁式冲击"的创业之旅。

创业之路愈行愈艰难。初生牛犊的企业家们渐渐意识到，生产的定义早已不是春耕秋收，按需索取；生活的内容不再是朝九晚五，局限于琐碎的酱醋柴米油盐；人生的乐趣也不再是风花雪月，"一日看尽长安花"。要想在竞争激烈的市场中占据一席之地，必须付出超过其他人的努力。

然而，市场制度不完善，产权不明晰，时时刻刻处处充斥着巨大的利益诱惑……面对这些层出不穷的问题，企业家们走错一步，就很容易导致步步错，进而堕入无尽的深渊。

于是，他们开始学习，努力站在时代的前沿，以超前的洞察力和国际化的视野分析市场；他们不再固执一己之见，以坦荡的胸怀将契约精神拥抱入怀；他们不畏艰险，劈波斩浪，化腐朽为神奇；他们向死而生，终于迎来一次次胜利的曙光。

于是，伴随着改革开放的东风，一大批民营企业家与时代同行，从困难与挫折中逐渐成长起来，一个个全新的企业诞生并不断向前发展着。

于是，一种全新的商业文明照亮了社会，使"旧貌换了新颜"，成为推动国家经济发展、促使人民的生活变得更加美好的重要力量。

✧ 伟大的时代，优秀的企业家精神

1978 年，中国与世界各国之间的货物交易额为 1100 元 / 秒，2017 年则达到了 88 万元 / 秒；1994 年，国内居民出境 7.1 人次 / 分钟，2017 年，国内居民出境 271.6 人次 / 分钟；1979—2017 年，中国经济平均增速为 9.5%，美国为 2.6%，世界为 3.0%……

改革开放已经取得的成就从这些数据中可见一斑。毋庸置疑，虽然只有短短几十年的历史，但是改革开放却真正改变了中国，在中国历史上占据着重要的地位，散发着耀眼的光芒，是一个伟大的时代。

与这个伟大时代相伴相生的，有一群优秀的企业家，他们是这个时代最耀眼的明星之一。他们在反复实践中探寻真理、收获经验，在不懈的奋斗中涵养了优秀的企业家精神。

时代呼唤企业家精神，时代需要企业家精神。

30 多年前，TCL 还只是一家小工厂。如今，TCL 已经站在了世界舞台的中央，成为让全民自豪的大国品牌。"我们坚持创新，努力把未来带到眼前""实业的根越深，经济的脊梁越硬""从制造到智造，从巨大到强大""用从不计算梦想，到努力收获梦想"。这是 TCL 掌舵人李东生对 TCL 企业精神的高度概括，这也是李东生身上闪耀着的企业家精神。

鲁冠球，这位有着商界常青树美誉的企业家，将一个小作坊打造成中国第一家上市的乡镇企业。他演绎了一个从质朴的农村少年到万亿产业掌门人的传奇故事，并以其独特的人格魅力，感召着年轻的企业家们奋勇向前，为社会留下了宝贵的精神财富。

企业家要执着追求梦想，而不是仅仅成为一个成功的商人。伟大的创造不是凭空而来的。它不受利益的驱使，在伟大梦想的激发下产生。正是凭着对汽车行业的热爱，对梦想的专注与执着追求，鲁冠球白手起家，以超前的商业眼光，孜孜不倦追求创新，准确把握时代发展的脉搏，打造出了享誉海内外的多元化产业集团，也为中国民营经济的转型发展做出了榜样。

企业家要敢于做第一个吃螃蟹的人，要成为踩出第一个脚印的人。鲁冠球创造的"第一"有许多：萧山承包企业的第一人、第一家上市的乡镇企业、第一家乡镇企业收购国外上市公司……"第一"的创造固然很难，但是，作为企业家，要具备"虽千万人吾往矣"的勇气和精神，要具备敢为人先的创新精神。

企业家要坚守诚信，担当责任，追求和谐。无论何时何地，诚信不可弃，责任必须承担。有足够大的担当，才能干大的事业；尽多大的责任，就有多大的成就。

优秀的企业家从来都不是脱离时代独立存在的。他们走的是一条与时代彼此成就的路。正是在改革开放政策的助力下，他们才能从时代大潮中脱颖而出，共筑时代辉煌。以鲁冠球为代表的一代企业家，主动将国家的发展战略与企业的发展连为一体。他们不约而同地具备着开天辟地的创新精神，敢为人先的冲天气概，海纳百川的学习心态，激励着年轻的企业家们奋斗不息，攀登不止。

如今，中国的改革开放之路在走过辉煌与痛苦并存的 40 年之后，踏入了"不惑之年"。在这个新的起点，过往的一切辉煌与苦难都将成为激励。未来，中国将以崭新的面貌踏入更加波澜壮阔的时代。新一代的创业者们将继往开来，成为改革开放的中流砥柱，中国的改革开放之路也必将行之更远。

致敬当代奋斗者

时代在变，奋斗者的姿态也发生了改变。在改革开放不断深化的今天，创新创业已经成为众多奋斗者的不二之选。但是，奋斗者的精神与内涵不曾改变，历久弥新。从古至今，从国内到国外，无数奋斗者在伟大的梦想、远大的志向的驱动下，不断播撒辛勤的汗水，取得了一个又一个成就，创造并见证了一个又一个震撼人心的奇迹。

这是一个全新的时代，这是奋斗者的时代。时代的发展与进步离不开每一个奋斗者的付出，当代中国的全新面貌由奋斗者铸造，我们要向新时代的奋斗者致敬。

✧ 志之所趋，无远弗届

一个显而易见的事实是，所有的奋斗者都有自己的梦想。没有梦想的人，何谈奋斗？为了梦想而奋斗，虽然会遭受许多困难和挫折，却也是乐在其中。一代又一代的企业家无疑将梦想的作用发挥到了极致，使梦想最大程度上造福于人类。

石油大王洛克菲勒使更多的普通人用到了优质且不贵的石油；卡尔·本茨发明了汽车，彻底改变了人们的出行方式；乔布斯通过苹果手机改变了人们看待世界的方式；比尔·盖茨希望世界上每个人都能拥有一台电脑，并因此创造了微软帝国；周鸿祎致力于做一个让用户惊艳的产品，才使得免费杀毒软件360出现，在很大程度上维护了人们的上网安全……

伟大的企业家是孤独的，因为他们的梦想常常会令人感到不可思议，甚至会招致世人的质疑和嘲笑。伟大的企业家又是充满魔力的，总会有人不知不觉为其所感染，主动加入共同追逐梦想的行列。一旦梦想得以实现，人们就会从中感受到莫大的喜悦。

"志之所趋，无远弗届。"心怀梦想的奋斗者憧憬未来，他们在对未来美好的期望中不断调整自己，使自己变得更好。梦想，指引着奋斗者努力和前进的方向。梦想，照亮了他们前行的路，促使他们不断前行，帮助他们披荆斩棘，攻克了一个又一个难关。

梦想的终极意义并不在于是否能够实现，而在于每一个奋斗者为梦想不懈努力的过程。正如古希腊著名哲学家苏格拉底所说："人类的幸福和欢乐在于奋斗，而最有价值的是为理想而奋斗。"在一步一步靠近梦想的过程中，奋斗者一定会实现自我超越，有所进步。更何况，许许多多的梦想最终都会变成现实。

无可置疑，奋斗者是每个时代最闪亮的星。无论是在梦想的道路上踽踽独行，还是与志同道合的朋友共同拼搏，他们都步履坚定，朝着梦想勇敢出发。他们不惧百舸争流，誓同千帆竞发。他们相信，终有一天可以到达梦想的彼岸，欣赏到彼岸花开。

◇ 初心未央，慎重如始

居诸不息，寒暑推移。站在新起点，我们迎来了最好的时代。新时代为奋斗者打开了一扇门，奋斗者已然吹响了新时代的领跑号角。

创业是创造经济价值与社会价值的过程，是发展经济、培育新动能的关键。于是，我们看到越来越多的人加入到创业的行列。我们可以看到，在这个充满生机的黄土大地上，传统企业正在积极转型，互联网商业的发展如火如荼，中国企业的商业触角正在延伸至世界的每一寸土地，每一个角落。中国企业的力量变得愈加强大，中国企业受到了世界越来越多的关注。

对于日夜奋战的创业者而言，创业既是人生中一场重要的修行，又是一次勇往直前、决不后退的负重前行。在创业的漫长征程上，迈出双脚，就可以向前走。可是，面对层出不穷的困难，如何才能坚持下去？面对一个又一个诱惑，如何才能使内心坚定、不动摇？

吴晓波曾做过这样一个比喻："创业就像一场完成自我的拯救，就像骑到一条恶龙的身上，这条恶龙做的唯一的事情就是要把你摔下去。这是一个充满想象力的时代，也可以说这是一个超级败坏的时代，但是希望我们能够守住基础的伦理和初心。"

初心，是一个人事业开端的信念与诺言。对于创业者而言，初心，其实就是他们创业出发时的基础和状态。靡不有初，鲜克有终。初心易得，却难守，贵在坚持。保持初心不变，创业者才能使自己不迷失在时代的洪流之中。

于是，在一档由中央电视台财经频道推出的节目《创业英雄汇》上，我们听到了来自全国各地数百名创业者讲述的梦想和创业故事。因为对初心的坚守，尽管岁月沧桑，却没能在他们的心上刻下痕迹，反而生发、磨砺出了一股永恒向上的力量。

他们来自各行各业，有着不同的经历；他们思想鲜活，时刻充满着激情和活力；他们与时俱进，开拓创新。他们将个人前途命运融入国家发展进步中，他们将个人青春和热血奉献给祖国这片热土；他们一路艰辛却始终没有停下奋进的脚步，以拳拳之心参与各项社会民生事业。他们是推动国家经济社会发展的重要力量，在改革开放的历史上写下了精彩的篇章，做出了不可磨灭的贡献，他们是时代的榜样。

在他们身上，我们可以看到产业报国的雄心壮志，可以看到心系人民的赤诚之心，可以看到关注水源污染的远见，可以看到致力于教育公平的不懈努力，可以看到关心独居老人的责任……

新一轮的科技革命和产业革命正在袭来，创业者们正在积极适应经济新常态，努力走高质量发展之路，走科技创新之路，为社会发展做出更大的贡献。

"俱往矣，数风流人物，还看今朝。"今天的中国属于每一个奋斗者。在他们的努力下，世界范围内已经诞生出了一批又一批改变人们生活方式、影响人们消费行为的中国企业。时代正在呼唤企业，企业的未来就在前方。中国企业正在改变世界，中国创业者已经走在世界前沿。大众目睹并参与了这些企业的成长，也同样期许着下一个承载着伟大梦想的世界体量级中国企业的出现。

致敬不远的未来

166 年前，人类发明了灯泡；117 年前，人类完成了第一次载人空中持续动力飞行；59 年前，人类完成了首次载人航空飞行；51 年前，人类第一次踏上月球；2019 年，世界第一条智能化高铁将于年底前开通……

在人类长达数百万年的历史长河中，纵然有过蒙昧与无知，纵然有过硝烟与战火，纵然有过饥寒与贫穷，但是，人类文明总是处在不断向前发展中。我们没有理由不相信，未来充满希望，未来会变得比今天更美好。这是我们向未来致敬的原因，也是我们向未来致敬的唯一理由。

✧ 遇见未来，风景无限

当人类数千年的商业文明发展至今，我们不禁发出感叹："神女应无恙，当惊世界殊。"商业的蓬勃发展为人类社会带来了繁荣与和平、智慧与创新、个性与共赢，并不断推动人类社会自我革新，走向更好的未来。

岁月不居，时节如流。21 世纪的今天，在日新月异的科学技术的助力下，商业的面貌焕然一新，踏上了新的发展台阶。关照现实，展望未来。

我们可以想见，商业将会迎来一个又一个崭新的天地。

以教育行业为例。教育是一件关系国计民生的大事，它关系到个人的发展，也影响着国家的未来。当下，每一个家庭在教育上的支出都越来越大，人们对优质教育的需求也愈加强烈。从早幼教、K12，到职业教育、留学服务，再到少儿英语、艺术教育，多元化和个性化的教育需求正在使教育行业变得更加丰富，更加繁荣。

好未来、新东方、VIPKID、掌门1对1竖起了K12在线教育领域的四块"牌匾"，引领着在线教育的发展方向；百词斩、网易有道、DaDa、粉笔网、VIP陪练等后起之秀也佳绩不断，为教育行业的繁荣发展贡献了力量。此外，国家政策对教育行业，尤其是职业教育、幼托等行业的大力支持，也成为其向好发展的重要助力。

尽管如此，祸福相依，机遇总是与危机并存。形势一片大好的教育行业也不无例外地存在着诸多危机。一方面，国家政策的密集出台，叫停了教育行业野蛮生长的模式。在政府的严格监管下，教育类APP及线上辅导机构等必须按照国家政策的要求进行自我革新。另一方面，资本寒冬的来临使资本趋于谨慎，教育类企业也面临着资金链断裂的危机。这一点于在线教育公司而言感受尤为明显。

此外，人工智能持续火热，资本青睐有加，不断加码，巨头们亦纷纷扛起"All in AI"的大旗；跨境电商的发展势头迅猛；小程序成为2018年的新风口，"用完即走"的特点使其未来的发展蕴藏着巨大的机遇……

伴随着时代的发展，商业也在不断自我纠偏，以获得持续发展的机会。未来商业绝不是巨头们的"独角戏"，而是"百舸争流，奋楫者先；千帆竞发，勇进者胜"。小而美的中小企业将会散发出耀眼的光芒。

✧ 砥砺前行，做未来的主人

未来可以通过对现实的分析得到合理的预见，但是，未来毕竟充斥着各种未知，有无数个可能。因此，为了迎接美好的未来，我们必须做好准备，做未来的主人，而不是被动接受和妥协。

以信仰为炬，照亮企业前行的方向。信仰是我们前行的力量源泉，是我们的价值判断依据，是我们的理想和信念。确立信仰，坚持信仰，我们才能从千万条道路中选择正确的道路，我们才能在正确价值观的指引下，坚守初心，保持真我。

信仰是踏实的存在，是接地气的。信仰深深地植根于我们的内心，彰显在我们的一言一行中。从与人为善到恪尽职守，从乐观豁达到坚韧不拔，从诚实守信到积极创新……这是我们践行信仰的现实写照，这是我们求生存、谋发展的应有之义。

以匡时济世为根，从优秀的企业家精神中不断汲取前进的动力。一代企业有一代企业的际遇，一代企业家有一代企业家的使命。我们要以优秀的企业家为榜样，勇敢地接过历史的接力棒，自觉将企业的发展同国家、时代的发展联系在一起，为中华民族的伟大复兴做出重要贡献，让企业绽放出更耀眼的光芒。

以奋斗为钥，开启未来之门。改变世界，需要坚持；超越自我，需要热情与活力；跨越边界，离不开创造创新；成就未来，需要持续不断地付出。虚浮之人抓不住机遇，实干之人能披荆斩棘，解决诸多困难。我们要"不驰于空想，不骛于虚声"，一步一个脚印向前走，以努力的汗水、不懈的奋斗，昂首阔步迈向梦想，迈向未来。

未来，光明与黑暗同在。无论是迎接光明，还是战胜黑暗，我们都要做好充分的准备。不要把未来想象得太远。科学技术的发展大大缩短了未来与现实之间的距离。就在我们不经意之间，未来已悄然而至。因此，不要延误该做的事。否则，在下一个路口等待我们的，就是失败。把握好现在，未来触手可及。

躬逢盛世，未来可期。我们会成为未来最直接的见证者，我们要做未来最有力的奋斗者。在通往未来的道路上，我们要将优秀企业家们的商业价值观融进自己的血液，在保持初心不变的同时，参与时代、创造历史。我们向未来致敬，我们会踏准时代的节拍，承担历史使命，创造一个可及的未来。

做战略最忌讳的是面面俱到，一定要记住重点突破。所有的资源在一点突破，才有可能赢。

——阿里巴巴集团创始人　马　云

即使最强大的企业，如果不面向未来采取行动的话，也会陷入困境。

——管理学大师　彼得·德鲁克

如果你不知道失败是什么，那么你永远不会获得成功。

——通用电气前董事长兼CEO　杰克·韦尔奇

虽然行动不一定能带来令人满意的结果，但不采取行动就绝无满意的结果可言。

——微软公司创始人　比尔·盖茨

上架建议：经管·前沿经济

ISBN 978-7-5158-2606-6

9 787515 826066 >

定价：58.00 元